Wie hältst Du's mit der Religion?

75 Fragen an
Anselm Grün

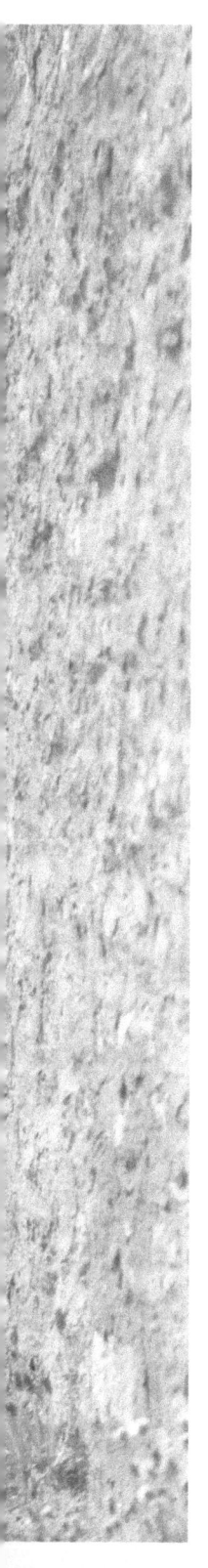

Wie hältst Du's mit der Religion?

75 Fragen an
Anselm Grün

Herausgegeben von
WINFRIED NONHOFF

Vier-Türme-Verlag

Inhalt

Gott

Bibel

Jesus

Mensch

Tod | Ewigkeit

Praxis

Kirche

Eine kleine Gebrauchsanweisung

Liebe Leserin,
lieber Leser!

Das Buch, das Sie in Händen halten, müssen Sie nicht zwingend von Anfang bis Ende an einem Stück lesen oder gar streng erarbeiten. Vielleicht lohnt sich der Beginn mit der Einleitung, dann fliegen Sie möglicherweise über das Inhaltsverzeichnis mit den 75 Fragen. Sie lassen sich von einer der Fragen ansprechen und fangen an. Vielleicht kehren Sie anschließend zum Inhaltsverzeichnis zurück, suchen erneut nach einer Frage, die Sie anspricht, oder aber: Sie haben Feuer gefangen und lesen mal hier und mal da bei verwandten Fragestellungen nach. Bewusst haben wir auch manche inhaltliche Wiederholungen eingebaut: Sie erleichtern das Springen im Buch. Natürlich steht auch einer Lektüre von vorne bis hinten nichts im Weg.

Finden Sie Ihren Zugang! Denn das ist bei einem Buch zum schier unerschöpflichen Thema »Glauben«, wie wir es Ihnen vorlegen, mit das Wichtigste: Finden Sie Ihren persönlichen Einstieg, Ihr augenblickliches Thema, suchen Sie, lassen Sie sich locken und nicht abschrecken! Die Welt des Glaubens ist so reich und unabgeschlossen. Sie wartet auf Ihre eigene Entdeckungsreise. Eben: Wie hältst *Du's* mit der Religion, mit dem Glauben?

Und wer weiß, wer Ihnen da begegnet – Zeitgenossen, Menschen aus Ihrem Umfeld, die sich auch auf die Suche machen, oder auch großartige und begeisternde Zeugen und Zeuginnen aus früheren Zeiten.

Auf die immer möglichen Überraschungen durch ein Mehr an Erkenntnissen und alternativen Sichtweisen jenseits unseres Buches hoffen wir von vorneherein. Impulse gibt es dennoch genug. Diese wollen von Ihnen aufgegriffen und dann für Ihr eigenes Glaubenshaus geprüft werden. Dass Sie dabei die Aussagen des Buches ergänzen, korrigieren, verwerfen oder ihnen gar zustimmen, macht die angedeutete Entdeckungsreise spannend.

Anselm Grün, Winfried Nonhoff
Pfingsten 2019

75 Fragen und Antworten als Lockruf

»Wie hältst Du's mit der Religion?« – Ein Buch mit 75 Fragen und Antworten zum Glauben auszuprobieren, wirkt auf den ersten Blick fast übermütig. Doch ich denke, heutige Leser und Leserinnen wollen sich nicht durch dicke Bücher hindurcharbeiten. Sie wollen in kurzer Form Antworten auf ihre Fragen finden. Daher hat es auch seinen Sinn, knapp den Glauben zu thematisieren.

Diesen Glauben in Fragen und Antworten vorzustellen, das kennen manche noch aus den verschiedenen Katechismen, die in ihrer Kindheit vor allem in der Schule genutzt wurden. Doch wenn wir die Fragen und Antworten von einst lesen, klingen sie uns allzu einfach und absolut, als ob man auf jede Frage eine ganz klare und eindeutige Antwort geben und der Glaube all unsere Fragen beantworten könnte.

Für mich war es reizvoll, die Fragen, die mir Winfried Nonhoff gestellt hat, in meiner Weise und auch bescheidener zu beantworten. Denn sie haben mich gezwungen, einmal mehr über meinen Glauben nachzudenken und zu überlegen, wie ich ihn so zur Sprache bringen kann, dass Menschen von heute verstehen, was ich meine. Ich habe mich bei meinen Antworten von Karl Rahner, dem großen Theologen, ermutigen lassen, über den ich promoviert habe. Er hat 1974 einen kleinen Katechismus herausgegeben. Darin drückt er den Wunsch aus, »dass es auch heute in Fragen des Glaubens noch möglich sei, so zu sprechen, dass der ›einfache‹ Mann es versteht und der sogenannte Gebildete auch seine Fragen beantwortet findet. Vielleicht gibt es diese Sprache noch nicht, vielleicht muss sie noch gefunden werden« (K. Rahner, Ein kleiner Katechismus, München 1974, 129). Ich habe mich bemüht, so zu sprechen beziehungsweise zu schreiben, dass Lesern und Leserinnen verständlich wird, was ich sagen möchte. Aber ich will nicht behaupten, dass ich ein für alle Mal die Sprache gefunden habe, die heutigen Menschen den Glauben so aufschließt, dass sie ihn *verstehen*. Geht das überhaupt?

Natürlich kann in 75 Fragen und Antworten nicht der ganze Glaube dargestellt werden. Das ist auch nicht so wichtig. Entscheidend ist, dass Menschen von heute ihre Fragen in Bezug auf ihren Glauben stellen und dass sie nach einer Antwort suchen. Die Fragen von Winfried Nonhoff stehen stellvertretend und in Auswahl für Fragen, die heute viele spirituell Suchende haben. Sie möchten wissen, wie der Glaube auf ihre Fragen antworten kann.

Die Zahl 75 ist im Blick auf meinen 75. Geburtstag gewählt; zu diesem Anlass erscheint dieses Buch. Für mich aber haben Zahlen immer auch eine symbolische Bedeutung. Sieben ist die Zahl der Verwandlung. Der Glaube will unser Leben nicht ändern, sondern verwandeln. Wir sollen nicht alles anders machen, sondern immer mehr in die einmalige Gestalt verwandelt werden, die Gott für uns vorgesehen hat. Das Ziel einer Veränderung ist, ein anderer Mensch zu werden. Das Ziel der Verwandlung ist, immer mehr ich selbst zu werden. So wollen die Fragen und Antworten helfen, die eigene Identität zu finden, das wahre und einmalige Selbst, das die Mitte jedes Menschen ausmacht. Die Zahl Fünf stand in der Antike für die Liebe. Sie wurde der Liebesgöttin Aphrodite zugeordnet. Der Glaube will uns in Berührung bringen mit der Liebe, die bei jedem Menschen den Grund seiner Seele ausmacht, von der aber viele innerlich abgeschnitten sind. Fünf bedeutet für mich auch, dass ich Menschen, für die ich schreibe, liebend anschaue. Ich will keine autoritären Antworten geben, sondern Antworten für Menschen, die ich mag. Der Begriff »Antwort« setzt sich zusammen aus »Wort« und »anti«. Eine Antwort ist also ein Wort, das ich in das Gesicht eines Menschen hineinspreche, also nicht abstrakt bleibt, sondern immer eines, das Beziehung aufnimmt zum Menschen. Wenn ich Worte in das Antlitz eines Menschen spreche, dann möchte ich das nur aus Liebe tun. Ich kann erst dann Worte sagen, die ich verantworten kann, wenn ich den Menschen in Liebe anschaue, zu dem ich spreche.

Mir ist bewusst, dass die christliche Tradition reich an theologischen Versuchen ist, den Glauben zum Ausdruck zu bringen. Dieser Reichtum theologischer Entwürfe und spiritueller Wege, die im Lauf der Jahrhunderte entwickelt wurden, kann in den 75 Fragen nicht in seiner Fülle dargestellt werden. Ich habe in Rom im theologischen Fach der Dogmatik promoviert. Da habe ich den kaum überschaubaren Reichtum christlicher Tradition kennengelernt. Wenn ich in diesem Buch knapp auf Fragen zum Glauben zu antworten versuche, dann habe ich diesen Reichtum im Hinterkopf. Entscheidend aber ist für mich dabei, dass immer die *Schönheit des Glaubens* aufleuchtet in meinen Antworten.

Der Glauben gleicht einem über die Jahrhunderte gebauten Haus mit vielen Türen, mit heute zugemauerten und einst geöffneten Fenstern, mit Winkeln, unheimlichen Keller, Türmen mit Ausblick. In unserer Gesellschaft sind die Zugänge zum Glaubenshaus oft verschüttet. Das führt aber dazu, dass uns viel an Schönheit des Lebens, an Kultur des Überlebens und schlicht auch an Trost im Alltag verlorengeht. In den Fragen und Antworten dieses Buches geht es deshalb auch darum, den Trost des Glaubens für unseren Alltag neu zu entdecken. Die Fragen wollen Türen öffnen zum Glaubenshaus und die Antworten wollen in dieses Haus hineinführen, sodass etwas von der Schönheit einer großen geistlichen Tradition offenbar wird. Wenn wir die Antworten des Glaubens nicht mit Rechthaberei verwechseln, sondern sie uns vorurteilsfrei anschauen, dann können wir die Schönheit des Glaubens entdecken. Das theologische Gebäude, an dem in den letzten zweitausend Jahren viele Theologen, Mystikerinnen und Mystiker gebaut haben, ist wirklich voller Schönheit. Da gibt es immer wieder Einsichten, die uns das Geheimnis des Lebens offenbaren, die uns auch von der Würde des Menschen erzählen und von seiner tief in ihm verankerten Sehnsucht, dass es doch »mehr als alles« geben, dass es nicht nur einen Sinn im Leben geben muss, sondern auch etwas Geheimnisvolles, das uns verzaubert.

Worte sind allerdings nur einer von den vielen Wegen, in das Glaubenshaus zu gelangen. Kunst, die vom Glauben inspiriert ist, ist ein anderer, ebenso wichtiger Weg. In jenem Haus erklingt wunderbare Musik, die uns im Herz berührt. Das Haus ist auch voll eindrucksvoller Bilder, die christliche Künstler in den letzten zweitausend Jahren gemalt haben. Es ist selbst gebauter Glaube. Das sehen wir beispielsweise in romanischen, gotischen, barocken und auch zeitgenössischen Kirchen, die uns alle etwas von der Schönheit Gottes widerspiegeln. Daher genügt es nicht, nur die hier versammelten Antworten zu lesen, die sich notwendigerweise auf Worte beschränken. Ich wünsche mir, dass Leser und Leserinnen die Worte als Lockruf verstehen, in das vielräumige Haus des Glaubens einzutreten: sich Kirchen mit ihren Bildern anschauen, die die Schönheit des Glaubens zum Ausdruck bringen, und geistlicher Musik lauschen, die uns eine andere Antwort gibt auf die tiefsten Fragen, die wir Menschen haben, eine Antwort, die alle Worte übersteigt, die unmittelbar das Herz berührt und es öffnet für das Geheimnis dieses Glaubens.

Die 75 Fragen und Antworten wollen Leser und Leserinnen dazu anregen, das wertvolle Wissen und die orientierenden Botschaften des Glaubens neu und staunend zur Kenntnis zu nehmen. Wagen Sie es, mit neuen Augen die Bibel zu lesen und den Reichtum menschlicher Erfahrung darin zu entdecken! Wagen Sie es, einen Gottesdienst zu besuchen und ganz unvoreingenommen wahrzunehmen, was dort dargestellt und gefeiert wird! Die nun folgenden Fragen und Antworten wollen gleichsam eine neue Brille sein, mit der Sie auf die Wochen und Tage des Jahres, die Feste und die Liturgie der Kirche, auf die Kirchengebäude und ihre Kunstschätze schauen, damit Sie – das wünsche ich mir – von der Schönheit des Glaubens und der Kultur eines Lebens, das vom Glauben geprägt ist, neu angezogen werden.

Glaube)

1) Was ist eigentlich glauben?

Oft spricht man vom christlichen Glauben und meint damit die Bejahung des ganzen christlichen Glaubensgebäudes. Doch Glauben ist nicht nur im Christentum ein *Grundakt* des Menschen. In der christlichen Tradition unterscheiden wir daher zwischen einem Du-Glauben und einem Was-Glauben. Der Du-Glaube besteht in einer personalen Beziehung zu Gott. Das meint vor allem Vertrauen: Ich vertraue auf Gott. Ich fühle mich von Gott getragen. Dieser Du-Glaube ist auch gemeint, wenn wir im Glaubensbekenntnis sagen: Ich glaube an Gott. Ich traue Gott zu, dass er mich geschaffen hat und dass er für mich sorgt.

Der Was-Glaube bezieht sich auf den Glaubensinhalt. Wir glauben, was uns Gott in der Bibel geoffenbart hat. Wir glauben das, was die Kirche im Glaubensbekenntnis und später in den Dogmen festgelegt hat. Aber auch dieser Was-Glaube ist nicht blind. Vielmehr zielt er darauf ab, dass wir das, was wir glauben, auch verstehen. Der Theologe und Philosoph Anselm von Canterbury (1033–1109) hat es so ausgedrückt: *fides quaerens intellectum* = der Glaube sucht nach Einsicht. Wir glauben nicht einfach blind, was andere uns vorsagen, sondern wir versuchen das, was uns der Glaube der Kirche lehrt, zu verstehen. Nur wenn wir es verstehen, ist es wirklicher Glaube. Denn der Glaube steht nicht im Widerspruch zu unserer Vernunft.

Wenn wir von *glauben* als Tätigkeit sprechen, dann meinen wir den personalen Akt des Glaubens. Und der kann verschiedene

Aspekte haben. Wir sagen auch: Ich glaube dir. Ich vertraue auf dich. Ich glaube dir, dass du die Wahrheit gesagt hast. Auch in der Bibel hat dieses *glauben* verschiedene Bedeutungen. Jesus sagt zum Hauptmann, der ihn darum bittet, seinen Sohn zu heilen:»Geh! Es soll geschehen, wie du geglaubt hast« (Matthäus 8,13). Der Hauptmann glaubt Jesus, dass er seinen Sohn heilen kann und heilen wird. Er vertraut auf ihn. An anderer Stelle sagt Jesus zu der blutflüssigen Frau, die ihm zutraut, sie zu heilen:»Meine Tochter, dein Glaube hat dir geholfen« (Markus 5,34). Hier meint glauben: an Jesus glauben, ihm zutrauen, dass er helfen und heilen wird. Von Maria sagt ihre Verwandte Elisabeth:»Selig ist die, die geglaubt hat, dass sich erfüllt, was der Herr ihr sagen ließ« (Lukas 1,45). Maria zweifelt nicht an den Worten des Engels wie Zacharias, Elisabeths Mann, sondern sie glaubt ihnen und vertraut darauf, dass alles, was der Engel ihr verheißt, in Erfüllung geht. Der Glaube geht also auch in die Zukunft.

Im Johannesevangelium begegnet uns eine andere Sicht des Glaubens. Hier bedeutet er: in Jesus, diesem Zimmermann aus Nazaret, Gottes Sohn zu sehen, in ihm das Antlitz Gottes zu erkennen. Glaube meint hier also eine ganz bestimmte Sichtweise. Da geht es nicht um Glauben an einzelne Wahrheiten, sondern darum, in diesem Menschen Jesus Gott selbst am Werk zu sehen, ihn als den Gesandten Gottes zu erkennen und seine Worte als wegweisend anzunehmen und zu befolgen. Glauben bedeutet hier: tiefer sehen, durch das Äußere hindurchsehen und im Menschen Gottes Gegenwart erkennen. Wer so tiefer sieht, der erlebt jetzt schon eine andere Qualität des Lebens:»Wer mein

Wort hört und dem glaubt, der mich gesandt hat, hat das ewige Leben« (Johannes 5,24). Der Glaube führt uns zum ewigen Leben. Das meint nicht nur das Leben nach dem Tod, sondern eine neue Qualität im Leben. Wenn ich glaube, sehe ich mich selbst mit neuen Augen und ich schaue so auf die Welt, dass ich überall die Schönheit Gottes erkenne.

Wenn ich diese beiden Sichtweisen auf mich beziehe – vertrauen und schauen –, so bedeutet glauben für mich einmal, dem Wort Gottes zu trauen, das mir wunderbare Zusagen macht, das mir aufzeigt, wer ich eigentlich bin. Zudem meint es, Jesus zu vertrauen, dass er meine Wunden heilt und mich befreit von Lebensmustern, die mich einengen. Im Sinn des Johannesevangeliums heißt das, durch das Äußere hindurch zu schauen und in allem schon das zu sehen, was Johannes die »Herrlichkeit Gottes« nennt, die Schönheit Gottes, die in Jesus Christus aufleuchtet, die aber in allem Irdischen und Menschlichen heute für mich aufstrahlen möchte.

2) Kann ich glauben lernen?
Ist Glaube »machbar«?

Viele klagen, dass sie nicht glauben können. Sie sind zwar durchaus fasziniert von Menschen, die einen tiefen Glauben haben, aber sie können diesen nicht nachvollziehen. Für mich gilt da abgewandelt das Wort von Antoine de Saint-Exupéry:»In der Sehnsucht nach Glauben ist schon Glaube.« Wenn Menschen fasziniert sind vom Glauben anderer, spüren sie in sich die Sehnsucht, ähnlich fest glauben zu können. Und in dieser Sehnsucht ist schon eine Spur von Glauben. Es gilt, dieser Spur zu trauen, damit sie stärker werden kann in einem selbst.

Glauben kann man nicht einfach machen. Aber wir stehen auch nicht vor der Alternative: Entweder ich glaube oder ich glaube nicht. Viele meinen, Glaube sei Gnade, aber sie hätten diese eben nicht bekommen. Doch für mich ist Glaube auch ein Experimentieren. Ich kann versuchen, einem Wort der Bibel zu trauen. Ich mache zum Beispiel das Experiment: Einen Tag lang tue ich so, als ob das Wort aus dem Psalm 23 stimmen würde:»Der Herr ist mein Hirt, nichts wird mir fehlen« (Psalm 23,1). Ich muss gar nicht an dieses Wort glauben. Ich gehe einfach einen Tag lang mit der Hypothese durch den Tag, dass dieses Wort stimmt. Wie erfahre ich mich dann? Wie erlebe ich meine Bedürftigkeit, meinen inneren Mangel? Relativieren sich meine Bedürfnisse? Spüre ich, dass es mir guttäte, wenn das Wort stimmt? Und wenn es mir guttut, dann traue ich dem Wort. Denn es hat seine heilende Wirkung gezeigt. Das bedeutet nicht, dass ich mir alles Mögliche einreden kann. Wenn ich mir zum Beispiel einrede: »Ich bin der Größte«, so werde ich bald merken, dass ich mich mit diesem Wort überfordere oder mich in eine Scheinwelt begebe. Die Worte der Bibel, denen ich versuche zu trauen, führen mich dagegen zum Leben, zu innerer Freiheit, zum Frieden und zur Liebe. An diesen vier Kriterien – so sagen die frühen Mönche – kann ich erkennen, ob ich die Worte der Bibel mit den Augen Jesu lese oder aber mit den Augen meines Über-Ichs. Wenn die Worte der Bibel mich in größere Lebendigkeit, Freiheit, in Frieden und Liebe führen, habe ich sie richtig verstanden. Wenn sie in mir aber Angst erzeugen, dann lese ich die Bibel mit einer falschen Brille: mit der meiner eigenen Angst, mit der meines Über-Ichs.

3) Was ist der Unterschied zwischen glauben und wissen?

Mit Wissen beschreiben wir zumeist, wessen wir uns sicher sind, was eine unbezweifelbare Tatsache ist. Ein Beispiel: Wir wissen, dass die beiden Autos zusammengestoßen sind. Denn wir haben es mit eigenen Augen gesehen. Wir wissen, was uns die Naturwissenschaft als Ergebnis ihrer Forschungen präsentiert. Aber das deutsche Wort »wissen« hat in seiner ursprünglichen Form die Bedeutung von »sehen, erblicken, erkennen«. Wissen meint also auch die Weise, auf die Dinge zu sehen und sie zu erkennen. In diesem Sinn hat Wissen durchaus mit Glauben zu tun. Denn Glauben ist auch ein Wissen, ein bestimmtes Sehen der Wirklichkeit. Es ist aber ein Wissen, das wir nicht naturwissenschaftlich beweisen können.

Glauben und Wissen sind nicht identisch. Aber sie sind auch keine absoluten Gegensätze. Denn der Glaube führt zu einer neuen Sichtweise auf die Welt. Die naturwissenschaftliche Sichtweise beschränkte sich viele Jahrhunderte auf das, was wir mit unseren Sinnen wahrnehmen können. Allerdings führt uns heute beispielsweise die Quantenphysik durchaus in Bereiche, in denen wir nicht mehr sehen, sondern einem Erklärungsmodell glauben, also den Einsichten der Quantenphysiker einfach trauen. Hier kommen sich Glauben und Wissen durchaus nahe.

Der Glaube darf in keinen Gegensatz zum Wissen geraten. Er soll alles, was wir mit unserem menschlichen Geist wissen können, ernst nehmen. Aber er übersteigt die Ebene des Wissens. Er sieht die Welt in ihrem ganzen Zusammenhang und den Menschen von seinem übernatürlichen Ursprung her. Manchmal haben die Vertreter des Glaubens Dinge behauptet, die eigentlich Sache der Naturwissenschaft sind. Daher geriet der Glaube über die Jahrhunderte immer wieder in Konflikt mit der Wissenschaft. Aber wenn wir die je eigene Ebene von Glauben und Wissen ernst nehmen, kann es keinen Gegensatz zwischen ihnen geben.

4) Bezieht sich glauben immer auf Religion?

Glaube ist ein Akt des Menschen. Religion verwirklicht sich in einer Institution, die mit bestimmten Ritualen und Strukturen arbeitet. Insofern ist glauben nicht identisch mit Religion. Es gibt heute viele Menschen, die glauben, ohne dass sie einer konkreten Religion angehören. Sie glauben an etwas, das größer ist als sie. Sie wollen sich ihren Glauben aber nicht von einer Religion vorschreiben lassen, sondern entscheiden selbst, was und wie sie glauben wollen. Sie nennen das, woran sie glauben, nicht immer Gott, sondern haben ganz verschiedene Namen dafür. Manche glauben auch an das Göttliche in Form von Geistwesen. Sie bezeichnen sich selbst als spirituell. Sie gehen in die Stille und öffnen sich dem Geheimnis, auch wenn sie das nicht immer mit Gott bezeichnen möchten.

5) Ist der Glaube dasselbe wie Religion?

Wenn wir vom Glauben sprechen, meinen wir manchmal nicht nur das personale Vertrauen, sondern auch ein Sich-Verhalten zu einem Glaubenssystem. Wir sprechen in diesem Zusammenhang vom christlichen, jüdischen oder muslimischen Glauben. Glaube ist hier ein System von Glaubenssätzen, die wir für wahr halten. Religion zielt dagegen weniger auf ein Glaubenssystem, sondern auf eine Institution. Sie bezieht sich auf die Riten, die darin vollzogen werden. Religion ist also ein System von Riten, von Glaubenswahrheiten, und eine Organisation, die den Religionsangehörigen Weisungen erteilt und sich oft genug von ihnen finanzieren lässt.

Der evangelische Theologe Karl Barth (1886–1968) sah sogar einen radikalen Gegensatz zwischen Glauben und Religion. Er ergriff Partei für den reinen Glauben, der allein zwischen Gott und dem Menschen geschieht, und lehnte Religion als System von Riten und kulturellen Prägungen ab. Doch mir scheint dieser Gegensatz künstlich. Zudem überfordert er meiner Ansicht nach Menschen. Die katholische Theologie hat in der Religion – auch in der Religion anderer Völker und Kulturen – immer den Ausdruck von menschlichen Sehnsüchten und Erfahrungen gesehen. Sie hat die Religion nicht abgelehnt, sondern sie gleichsam »getauft«, indem sie versuchte, in der jeweiligen Kultur eine christliche Kultur zu entwickeln.

6) Ist Glaube nur etwas für müde, denkunwillige und unmoderne Menschen?

Natürlich gibt es denkunwillige Menschen, die sich auf den Glauben versteifen. Für sie ist der Glaube ein klares Gebäude, in dem sie gut und bequem leben können. Aber das trifft nicht das Wesen des Glaubens. Er beinhaltet gerade eine Herausforderung an denkende Menschen: Was können wir wissen? Wie können wir die Welt erklären? Der Glaube fragt immer weiter und tiefer. Er gibt sich nicht mit rein naturwissenschaftlichen Antworten zufrieden, sondern fragt nach dem Grund allen Seins.

Seit jeher hatte die Theologie eine enge Beziehung zur Philosophie. Philosophie heißt wörtlich aus dem Griechischen übersetzt: »Liebe zum Denken«, »Liebe zur Weisheit«. Die Theologie hat versucht, auf die Fragen, die die Philosophen zu allen Zeiten gestellt haben, zu antworten. Das verlangte ein gutes Studium der Philosophie. Heute ist nicht nur der Dialog mit der Philosophie vonnöten, sondern auch der mit der Psychologie, der Soziologie, generell mit den Naturwissenschaften, der Hirnforschung, der Quantenphysik und all den modernen Zweigen der Naturwissenschaft.

Diesen Dialog mit dem Wissen der Zeit finden wir schon in der Bibel. Paulus bezieht sich in seinen Briefen oft auf die Weisheit der stoischen Philosophie. Und er möchte, dass auch Christen deren Ideal erfüllen und in ihrer Lebensführung den Stoikern nicht nachstehen. Der Evangelist Lukas (vgl. Apostelgeschichte

17,16–34) hat in der berühmten Rede des Paulus auf dem Areo-
pag in Athen vor griechischen Philosophen gezeigt, dass der
Glaube das Wissen der Philosophie ernst nimmt, aber darüber
hinausgeht und eine Antwort gibt, die auch die weisesten Philosophen drängt, weiter in ihrem Denken auszuschreiten.

)

Brauche ich eine eigene Sprache, wenn ich glaube? Muss ich diese Sprache lernen?

Zunächst gilt für den Glauben die gleiche Voraussetzung wie für die Philosophie: das Staunen. Am Anfang des philosophischen Nachdenkens steht das Staunen darüber, dass wir sind und nicht nicht sind. Auch am Anfang des Glaubens steht das Staunen über die Schönheit der Schöpfung und das Geheimnis des Menschen.

Die Theologie hat in vielen Bereichen eine Sprache entwickelt, die normalen Menschen fremd und unverständlich erscheint. Doch die Sprache des Glaubens sollte keine Ghetto-Sprache sein, keine Insider-Sprache, sondern eine Sprache, die Menschen berührt. Das zeigt uns beispielsweise Lukas in seiner Schilderung des Pfingstereignisses. Da beginnen die Apostel zu sprechen und alle Zuhörer verstehen plötzlich ihre Sprache, sie wundern sich, weil sie doch verschiedene Muttersprachen haben. Die Jünger sprechen so, dass alle sie verstehen können. Offensichtlich berühren sie mit ihrer Sprache die Herzen der Zuhörer.

Für mich besteht die Kunst darin, dass die Sprache des Glaubens Menschen berührt, die verschiedene Sprachen sprechen, und zwar nicht nur griechisch oder lateinisch, sondern eine technische, eine psychologische, eine soziologische, eine poetische, eine naturwissenschaftliche Sprache. Die Sprache des Glaubens ist nichts, das wir erlernen müssen, sondern eine Sprache, die in jede andere eindringt.

Die Voraussetzung dafür ist für mich aber die Fähigkeit, in Bildern zu sprechen. Bilder legen das Geheimnis Gottes nicht fest. Bilder öffnen ein Fenster, damit alle hinausschauen und jenseits des Fensters ein besonderes Licht oder eine schöne Landschaft sehen können. Die Glaubenssprache will uns also Fenster öffnen, damit wir aus dem eng begrenzten Raum unserer Existenz hinausschauen in die Weite des Lebens und in die Weite des Kosmos, damit wir hinter allem etwas erahnen, das größer ist als wir selbst: Wir bestaunen in allem die Schönheit Gottes.

8) Muss ich immer an alles aus der Tradition glauben?

Nein, ich muss nicht alles glauben, was in der Tradition gelehrt wurde. Die Traditionen der Kirche sind reich an spirituellen Schätzen. Aber wir nehmen darin auch Irrwege wahr. Da gab es Übertreibungen, zum Beispiel in der Askese, die man manchmal nicht als Training in die innere Freiheit, sondern als »Abtötung« von Bedürfnissen missverstanden hat. Oder wir stoßen auf irrige Meinungen hinsichtlich moralischer Forderungen an die Menschen. Diese waren oft zeitbedingt. Nötig ist immer, was die frühen Mönche die »Unterscheidung der Geister« nennen: Ich muss erspüren, wo die Tradition mich in die Lebendigkeit, Freiheit, den Frieden und die Liebe führt und wo sie mich eher in die Enge oder Überforderung treibt.

Den Grund aller christlichen Tradition bildet die Bibel. Daher gilt es, alle Aussagen der Tradition immer wieder mit der Bibel zu konfrontieren. Wir fragen uns dann: Lässt uns die Tradition den Reichtum der Bibel erkennen oder engt sie unseren Blick ein, sodass wir nur Teile berücksichtigen beziehungsweise einseitig interpretieren?

Christliche und kirchliche Traditionen beziehen sich nicht nur auf die Bibel. Hier gibt es auch viele Aussagen in Bezug auf die Moral, die Entstehung der Welt oder die Naturwissenschaft. Da gilt es, zwischen echter spiritueller Weisheit der Tradition und den vielen Aussagen zu unterscheiden, die einmal gemacht worden sind und zeitbedingt sind, die wir also getrost beiseitelegen dürfen. Die Tradition legt uns nicht fest, sondern fordert uns heraus, uns damit auseinanderzusetzen. Aber in dieser Auseinandersetzung sollen wir uns frei fühlen. Nur das, was wir verstehen, sollen wir akzeptieren und glauben. Was wir nicht verstehen, das lassen wir erst einmal liegen. Vielleicht werden wir es später verstehen. Vielleicht ist es aber auch nur zeitbedingt. Dann brauchen wir uns damit nicht weiter zu beschäftigen.

9

Wie kann ich alte Glaubensinhalte übersetzen? Gibt es dafür Regeln?

Ja, es ist meine Pflicht, alte Glaubensinhalte zu übersetzen. Dabei gibt es für mich drei Regeln:

1. Ich nehme die Aussagen, wie sie sind. Aber ich verstehe sie als *Bilder* für eine Wirklichkeit, über die wir nur in Bildern sprechen können. Ich verändere also die Aussagen nicht, aber ich nehme sie nicht als Begriffe, die alles einengen, sondern als Bilder, die das Fenster zum Geheimnis öffnen.

2. Glaubensinhalte im engeren Sinn – also feste Lehrsätze, die die Theologie Dogmen nennt – gibt es nur in Bezug auf Gottes erlösendes Handeln am Menschen. Zum Glaubensinhalt können also keine Aussagen über die Natur oder über geschichtliche Ereignisse gehören, die man historisch überprüfen könnte. Der Glaube sagt »nur«, dass die Erlösung im geschichtlichen Ereignis in Jesus Christus geschehen ist. Aber er legt sich nicht auf Jahreszahlen und genaue Fakten fest. Wesensgemäß kann es keine moralischen Dogmen geben. Denn Moral ist immer in Bewegung und hängt von der jeweiligen Kultur ab.

3. Alle Glaubensinhalte wollen das Geheimnis Gottes und das Geheimnis des Menschen offenhalten. Sie wollen so vom Menschen sprechen, dass es für ihn heilsam ist. Alle Glaubensinhalte haben so gesehen eine therapeutische Funktion. Und sie wollen »richtig« von Gott und vom Menschen sprechen. Allerdings

bedeutet richtig nicht Rechthaberei. Das richtige Sprechen meint vielmehr das heilsame Sprechen von Gott und vom Menschen, ein Sprechen, das der Wahrheit Gottes und des Menschen nahekommt. Die absolute Wahrheit können wir nicht ausdrücken. Denn Gott selbst ist die absolute Wahrheit. Aber die liegt jenseits aller Bilder und Worte verborgen.

Als Beispiel, an dem ich diese drei Regeln erläutern möchte, nehme ich eine Aussage aus dem Glaubensbekenntnis. Wir bekennen von Christus: »aufgefahren in den Himmel«.

1 • Das sagt nichts über etwas Sichtbares aus, das wir zum Beispiel in einem Film festhalten könnten. *Aufgefahren in den Himmel* ist ein *Bild* dafür, dass Jesus jetzt im Himmel ist. Das Lukasevangelium spricht hier von »Aufnahme«. Das ist nüchterner. Jesus kommt von Gott, vom Himmel her zu den Menschen. Und er wird durch Tod und Auferstehung wieder hinaufgenommen in den Bereich Gottes.

2 • Dieser Glaubenssatz will etwas über Gottes erlösendes Wirken an uns sagen. Jesus bleibt nicht im Tod. Gott nimmt ihn zu sich. Und bei Gott ist er unser Anwalt. Er tritt für uns ein. Mit Jesus werden wir in den Himmel aufgenommen. Der Tod wird uns nicht zerstören, er wird auch für uns zu einer Aufnahme in den Himmel werden. Denn durch Tod, Auferstehung und Himmelfahrt Jesu ist auch unser Tod verwandelt worden.

3 • Die therapeutische Dimension dieser Aussage ist: Wir sollen Jesus nicht wie einem Guru nachlaufen. Er ist jetzt bei Gott. Und

er wirkt zugleich in uns als unser innerer Meister und Lehrer. Wir sollen ihm auf Erden nachfolgen und in seinem Geist diese Welt gestalten. Aber wir sollen bei all unserem Engagement für die Welt zugleich wissen, dass der Himmel uns erwartet. Das befreit uns von allem verbissenen Aktivismus.

10

Was weiß der Glaube vom Beginn der Welt?

Der Glaube sagt uns, dass Gott die Welt geschaffen hat. Der biblische Schöpfungsbericht erzählt uns in Bildern, wie sie in seiner Entstehungszeit üblich waren, dass Gott der Schöpfer von allem ist. Wenn wir den Schöpfungsbericht als Gedicht auf uns wirken lassen, erkennen wir seine Schönheit. Nicht umsonst hat Joseph Haydn das musikalisch in seiner Komposition »Die Schöpfung« wunderbar zum Ausdruck gebracht. Aber der Schöpfungsbericht kann uns nicht sagen, wie genau der Beginn der Welt ablief. Das ist eine Frage der Naturwissenschaft. Heute geht man vom Urknall als Beginn der Welt aus. Aber damit ist noch nicht das letzte Wort gesprochen. Der Glaube ist offen für das konkrete Entstehen der Welt. Die Naturwissenschaft kann das äußere Werden des Kosmos beschreiben. Allerdings nimmt sie da auch Zuflucht zu Bildern oder zu Modellen. Der Glaube bezieht sich auf eine andere Ebene: die der unsichtbaren Ursache. Er fragt nach der letzten Ursache allen Seins. Und diese Frage führt ihn zu Gott als dem letzten Urgrund.

11) Womit rechnet der Glaube am Ende meines Lebens, am Ende der Welt?

Am Ende meines Lebens – so verheißt mir der christliche Glaube – werde ich wie Christus aufgenommen in den Himmel. Die Bibel kennt dafür verschiedene Bilder. Im Tod werde ich Gott begegnen, wie er wirklich ist. Und ich werde vor Gott mir selbst in meiner letzten Wahrheit begegnen. Die Bibel spricht vom Gericht Gottes, das mich erwartet. Das ist kein äußeres Tribunal, bei dem meine Taten verhandelt werden. Vielmehr werde ich im Tod erkennen, dass vieles in mir sich gegen Gott gesperrt hat. Das Gericht eröffnet die Möglichkeit, dass alles in mir ausgerichtet wird auf Gott. Es ist also ein Hoffnungssymbol: zum einen, dass alles in mir auf Gott hin ausgerichtet wird und ich so eins werden kann mit ihm. Zum anderen ist das Gericht auch ein Symbol der Gerechtigkeit. Nach dem deutschen Philosophen Max Horkheimer (1895–1973) ist es ein Urbedürfnis menschlicher Gerechtigkeit, dass die Täter nicht über ihre Opfer triumphieren. Das Gericht ist Chance für Täter und Opfer. Wenn sie bereit sind, sich dem Gericht zu unterziehen, sind sie gerettet. Wenn sie sich dem Gericht verweigern, sind sie schon gerichtet, wie Jesus sagt (vgl. Johannes 3,18).

Im Tod wird diese Welt für mich zu Ende sein, das Ende der Welt tritt also in meinem Tod ein. Die Bibel spricht aber auch von einem Ende der ganzen Welt. Christus wird in Herrlichkeit kommen und alle richten. Das ist ein Bild dafür, dass diese Welt nicht ewig besteht. Aber diese Bildworte der Bibel sagen nichts darüber aus, ob unsere Erde immer bestehen bleibt, ob der Kosmos ewig bleibt. Heute, angesichts des Klimawandels, wissen wir, dass wir unsere Erde durchaus zugrunde richten können. Wir können von der Naturwissenschaft her nicht sagen, wie lange die Erde mit den Lebensmöglichkeiten für Menschen, Pflanzen und Tiere bestehen bleibt. Die Bibel mahnt uns aber, wachsam zu sein. Das Äußere gibt keine Sicherheit. Wir sollen auf das Innere schauen. Entscheidend ist, dass das Ende der Welt, das für mich im Tod kommt, zugleich der Anfang der neuen Schöpfung ist, der Anfang ewigen Lebens in Gott.

12) Schließt der Glaube den Zweifel aus?

Der Zweifel gehört wesentlich zum Glauben, denn der Glaube gibt uns keine absolute Gewissheit über Gott. Er ist immer jenseits all unserer Verstehensmöglichkeiten. Daher trägt der Glaube an den unbegreiflichen Gott wesentlich den Zweifel in sich. Man könnte sagen: Von Gott her gehört der Zweifel zum Glauben. Genauso aber können wir sagen: Vom Menschen her und seiner begrenzten Erkenntniskraft gehört der Zweifel wesentlich zum Glauben. Der Mensch schwankt immer zwischen Gewissheit und Ungewissheit, zwischen Glauben und Zweifel. Der Zweifel hält den Glauben lebendig, denn er zwingt uns, immer neu zu hinterfragen: Was glaube ich eigentlich? Was heißt: Gott existiert? Was heißt: Gott ist in Jesus Christus Mensch geworden? Was heißt: Christus hat uns erlöst? Der Zweifel drängt uns, immer wieder neu vor unserem Verstand zu klären, was wir glauben. Zugleich hinterfragt der Zweifel alle Erklärungsversuche, damit wir uns immer wieder neu auf den Weg machen, das Geheimnis Gottes zu verstehen.

Natürlich gibt es auch einen Zweifel, der den Glauben abwehrt. Manche Menschen zweifeln grundsätzlich alles an, nicht nur den Glauben, sondern auch jede Erkenntnis der Naturwissenschaft, zum Beispiel den Klimawandel, um sich nicht ändern zu müssen. Der Zweifel dient ihnen dazu, sich in ihrem Lebensgebäude einzurichten, ohne sich je in Frage stellen zu lassen. Er hindert sie daran, etwas zu tun und sich zu ändern. Ein solcher

Zweifel versteht sich als Gegner des Glaubens. Echter Zweifel jedoch gehört wesentlich zum Glauben.

13) Woher kommt die Kraft der Zustimmung zum Glauben?

Sicher hängt die Kraft der Zustimmung zum Glauben von der eigenen Erziehung ab. Wenn ich meine Eltern als glaubende Menschen erfahren habe, die ihr Leben und dessen Herausforderungen aus der Kraft des Glaubens bewältigt haben, dann werde auch ich leichter dem Glauben zustimmen. Ich habe die heilsame Wirkung des Glaubens an meinen Eltern erlebt. Der Glaube war die Atmosphäre, in der ich seit meiner Geburt gelebt habe. Und diese Atmosphäre prägt auch meine heutige Sicht des Lebens. Aber als Erwachsener muss ich mich selbstständig zum Glauben entscheiden. Dann öffnet sich notwendigerweise neben der Erziehung noch eine andere Quelle, um dem Glauben zustimmen zu können.

Eine solche Quelle, aus der mir die Kraft der Zustimmung zum Glauben zuströmt, ist die Gabe der Intuition. Glaube beruht nicht nur auf einer rein rationalen Entscheidung. Die rationalen Gründe für den Glauben und gegen ihn liefern oft nur ein Patt, ein Unentschieden. Doch meine Intuition sagt mir, dass da eben noch eine andere Quelle in mir sprudelt, die Wirklichkeit zu erkennen. Und ich traue meiner Intuition.

Eine weitere Quelle, aus der ich die Kraft der Zustimmung zum Glauben schöpfe, ist für mich die Sehnsucht. Ich spüre in vielen Menschen eine Sehnsucht nach dem Glauben. Wenn sie etwa das Weihnachtsoratorium von Bach oder den »Messias« von

Händel hören oder eine gotische oder romanische Kirche betrachten, dann spüren sie in sich eine Sehnsucht, an das glauben zu können, was die Komponisten in Musik umgesetzt und die Architekten und Künstler in Stein oder in Bildern geformt haben. Es meldet sich die Sehnsucht, dass die Schönheit, der sie in der Kunst begegnen, keine Illusion ist, sondern dass in der Schönheit Gottes Herrlichkeit selbst aufleuchtet.

Wird mir der Glaube geschenkt?

Nach Karl Rahner, dem großen katholischen Theologen (1904–1984), hat jeder Mensch in sich die Befähigung zum Glauben. Denn wenn wir einen Gedanken denken, gehen wir immer schon über das Konkrete hinaus und denken das Unendliche mit. Unbewusst tragen wir also die Veranlagung des Glaubens an etwas in uns, das alles in uns übersteigt. Aber damit diese Veranlagung in uns zum Zug kommt, ist auf der einen Seite das bewusste Nachdenken über unsere innere Verbindung mit Gott gefordert: Auch die Entscheidung zum Glauben ist gefragt. Auf der anderen Seite tritt die Gnade Gottes hinzu: Glaube ist dann wesentlich ein Geschenk. Wir dürfen das jedoch nicht so verstehen, dass Gott willkürlich dem einen Glauben schenkt und der anderen nicht. Vielmehr bietet uns Gott den Glauben an. Wir müssen dieses Geschenk ergreifen. Damit wir das tun, bedürfen wir gleichsam eines besonderen Hinweises von Gott. Insofern sollen wir Gott um die Gabe des Glaubens bitten. Dann bekennen wir, dass wir den Glauben nicht einfach *machen* können. Dass wir glauben können, ist letztlich immer auch Gnade, die uns Gott schenkt.

Was ist Gnade?

Das deutsche Wort »Gnade« meint ursprünglich: Rast und Ruhe, Gunst, Huld, Hilfe. Die Theologie hat sich viele Gedanken über die Gnade gemacht. Hier meint es, dass Gott sich selbst den Menschen schenkt. Gott wendet sich dem Menschen in freier Gnade zu. Er teilt sich dem Menschen ohne dessen Vorleistung aus freier Liebe mit, schenkt sich selbst den Menschen. Das nennt die Theologie die »ungeschaffene Gnade«. Doch sie wirkt auch im Menschen und wird zu seiner inneren Kraft. Das nennt man dann die »geschaffene« oder »heilig machende Gnade«. Sie formt den Menschen um und verwandelt ihn. Die Gabe Gottes wird für den Menschen zur Aufgabe. Er muss darauf antworten. Die Gnade fordert die Aktivität des Menschen heraus.

Wenn wir über die Gnade nachdenken, dann stehen wir vor der Frage: Lebe ich aus mir selbst? Ist alles, was ich tue, meine eigene Leistung, auf die ich stolz sein kann? Oder lebe ich aus dem, was Gott mir schenkt? Ist mein Erfolg nicht letztlich Geschenk von Gott, Gnade Gottes? Paulus kann von sich bekennen: »Durch Gottes Gnade bin ich, was ich bin; doch seine Gnade ist an mir nicht unwirksam geblieben. Mehr als sie alle habe ich mich abgemüht – nicht ich, sondern die Gnade Gottes zusammen mit mir« (1 Korinther 15,10). Die Gnade bedeutet also nicht, dass ich die Hände in den Schoß lege, sondern dass ich auf Gottes liebende Zuwendung zu mir antworte. Dann werde ich bei all meinem Tun immer wieder dankbar erfahren, dass es Gottes Geschenk ist, wenn es Frucht bringt, wenn mir etwas gelingt. Insofern führt das Leben aus der Gnade zur Dankbarkeit und zur Durchlässigkeit für Gottes Geist.

Der große Philosoph und Theologe Thomas von Aquin (1225–1274) hat den wichtigen Satz formuliert: »Die Gnade setzt die Natur voraus.« Es ist unsere Aufgabe, unsere natürlichen Gaben zu entfalten. Wir müssen mit unserer Natur, mit unseren menschlichen Bedürfnissen und Fähigkeiten gut umgehen. Dann kann die Gnade Gottes die Natur erheben und sie befruchten. Das gilt auch für den Glauben. Der Glaube ist nicht nur Gnade, sondern hat auch eine natürliche Grundlage. Wir haben in uns die Fähigkeit, über das Sichtbare hinauszugehen und mit dem Unsichtbaren zu rechnen. Die Gnade verstärkt diese Fähigkeit und lässt sie dann oft zu einem tragfähigen Glauben werden.

Wie hängen Verstand und Zustimmung zusammen? Gibt es da eine Harmonie oder muss ich mit einem Widerspruch leben?

In der Geschichte des christlichen Glaubens gab es immer eine Diskussion um die Frage, ob Glauben und Wissen miteinander vereinbar sind. Dabei ist es wichtig, Glauben und Wissen in ihrer je eigenen Art zu bedenken. Glauben heißt ursprünglich: »Ich glaube dir, ich glaube an dich.« Das Wissen, von dem wir normalerweise im Alltag sprechen, dreht sich immer um Dinge. Der Glaube drückt dagegen die Beziehung zu einer Person aus. Natürlich glaube ich der Person auch das, was sie sagt. Aber dieser »Was-Glaube« ist erst eine Folge des »Du-Glaubens«. Wenn ich Gott glaube, was er mir geoffenbart hat, dann sind die Sätze der Offenbarung aber nicht auf der gleichen Ebene formuliert wie die Sätze der Wissenschaft. Die Sätze der Offenbarung wollen in Bildern die Beziehung Gottes zu uns und sein heilendes und erlösendes Handeln an uns ausdrücken. Sie geben uns aber keine eindeutigen Informationen über die Dinge dieser Welt. Daher bekämpfen sich die Aussagen der Offenbarung und die der Wissenschaft auch nicht, sondern ergänzen sich.

Glauben heißt nicht, dass ich einfach die Sätze glaube, die mir die Autorität der Kirche vorschreibt. Das wäre ein blinder Glaube, der unserer Würde als denkende Menschen widerspricht. Was die Bibel und was die kirchliche Auslegung mir vorgeben, soll ich bedenken und ernst nehmen. Ich soll und darf es mit meinem Verstand durchdringen. Ich kann nur glauben, was ich auch einsehe. Der wahre Glaube schließt immer die Zustimmung der Vernunft ein. Aber der Glaube kann nicht einfach abgeleitet werden aus logischen Schlüssen der Vernunft. Die Vernunft versucht vielmehr das, was ich glaube, zu durchdringen, damit es zu einem Verstehen kommt. Der Glaube wird in der Tradition mit einem Fundament verglichen, auf dem ich stehe. Er lässt mich feststehen. Die deutsche Sprache sagt uns jedoch auch: Wir können nur zu uns stehen, wenn wir uns verstehen. Wir können auf dem Fundament des Glaubens nur feststehen, wenn wir ihn verstehen.

Es gibt weder eine absolute Harmonie zwischen Glauben und Verstand noch einen Widerspruch. Es gibt nur ein Übersteigen des Verstandes durch den Glauben, aber kein Aufheben und kein Widerlegen des Verstandes. Zur personalen Zustimmung gehört immer, dass ich mit dem Willen und mit dem Verstand zustimme. Ohne diese Zustimmung würde ich mich in totale Abhängigkeit begeben. Das wäre ein Widerspruch zum Glaubensverständnis der christlichen Tradition.

17) Muss ich mich, wenn ich glaube, unterwerfen? Gibt es das Recht auf den eigenen, individuellen Weg des Glaubens?

In der Kirchengeschichte gab es immer wieder Fälle, in denen die Kirche von Theologen oder Naturwissenschaftlern forderte, sie sollen sich dem Urteil der Kirche unterwerfen. Oft genug hat die Kirche hier ihre Kompetenz überschritten. Wenn ich Sätze aus dem Glaubensbekenntnis einfach leugnen würde, dann könnte die Kirche von mir verlangen, dass ich als Christ das bekennen sollte, was die Kirche seit dem 4. Jahrhundert als Formel des Glaubens festgelegt hat. Ich darf also die Sätze des Glaubensbekenntnisses nicht so ohne Weiteres leugnen. Aber ich bin frei, sie zu deuten. Natürlich darf meine Deutung nicht willkürlich sein. Es gilt, den Satz des Glaubensbekenntnisses ernst zu nehmen, aber weiter zu fragen: Was heißt das für mich persönlich? Und was heißt das für uns als Kirche heute? Wir werden nie fertig, die Glaubenssätze, die einmal formuliert worden sind, zu verstehen und zu deuten.

Die Deutung der Glaubenssätze ist immer auch eine Frage des individuellen Verstehens. Man kann um die Deutung ringen. Und man darf weder die eigene noch die Deutung anderer verabsolutieren. Wir sollten immer wissen, dass Gott die eigentliche Wahrheit ist, dass die Sätze des Glaubens uns auf diese Wahrheit hinweisen, dass aber keiner von uns im Besitz der absoluten

Wahrheit ist – auch die Kirche nicht. Sie vertraut nur darauf, dass sie als Ganze nicht aus der Wahrheit fallen kann.

Glauben ist immer ein persönlicher Akt. Daher gibt es das Recht auf meinen persönlichen, individuellen Glauben. Doch er geschieht auch immer in Gemeinschaft. Ich fühle mich getragen vom Glauben der Gemeinschaft. Und ich versuche, meinen ganz persönlichen Glauben so zu formulieren, dass die Brüder und Schwestern meiner Glaubensgemeinschaft ihn verstehen. Ich darf mich jedoch nicht über ihren Glauben stellen und ihn ablehnen. Ich versuche, meinen Glauben so zum Ausdruck zu bringen, dass die Gemeinschaft – wenn sie offen ist – damit gut leben kann. So ist es meine Aufgabe, mich dem zu stellen, was die Kirche als Glaube bekennt. Und es ist meine ganz persönliche Aufgabe, diesen Glauben zu verstehen und ihn als meinen persönlichen Glauben zu leben.

Als Kind habe ich geglaubt. Als Erwachsener geht das so nicht mehr. Glauben Erwachsene anders?

Als Kinder haben wir an das Christkind und den Nikolaus geglaubt. Das waren infantile Vorstellungen, die dem Kind durchaus guttaten und ihm ein Gefühl für das Geheimnis seines Lebens ermöglichten. Als Erwachsene streifen wir solche infantilen Vorstellungen ab. Erwachsene glauben anders. Dabei sollten wir den Kinderglauben nicht einfach über Bord werfen, sondern uns vielmehr fragen: Was hat uns damals als Kind getragen? Was haben wir wirklich geglaubt? Nicht die kindlichen Vorstellungen machen den Glauben des Kindes aus, sondern das Grundgefühl, von Gott getragen und geliebt zu sein. An dieses Grundgefühl sollten wir als Erwachsene wieder Anschluss finden. Wir sollten die Wurzeln unseres Glaubens anschauen. Wie weit tragen sie? Wo sollten wir dagegen manche Wurzeln abschneiden, weil sie nicht in die Tiefe führen?

Es ist unsere Aufgabe, das, was wir als Kind geglaubt haben, mit unserem Verstand zu durchdringen. Es bleibt unsere Aufgabe, uns auch im Glauben weiterzubilden. Viele Erwachsene argumentieren, sie könnten nicht mehr an das glauben, was sie als Kind, als eifriger Ministrant beispielsweise geglaubt haben. Sie identifizieren dann den Glauben mit kindlichen Vorstellungen vom Glauben. Sie haben nicht weiter nachgedacht, was die Glaubensaussagen eigentlich bedeuten. Als Erwachsene informieren wir uns über die Erkenntnisse der Wissenschaften. Genauso sollten wir uns auch über theologische Entwicklungen informieren. Wir lehnen manche Glaubenssätze ab, weil wir sie immer noch mit irgendwelchen Vorstellungen verbinden, die uns in unserer Kindheit vermittelt worden sind. Die Theologie entwickelt sich genauso weiter wie die Naturwissenschaft. Daher gehört es zu unserer Verantwortung, uns auch theologisch weiterzubilden. Nur dann können wir nochmals die Frage stellen: Kann ich daran glauben? Oder ist das für mich eine fremde Welt?

Gott

19) Ist Gott dem Verstand zugänglich?

Paulus ist davon überzeugt, dass wir mit unserem Verstand Gott erkennen können. Er schreibt im Brief an die Römer: »Was man von Gott erkennen kann, ist ihnen (den Heiden) offenbar; Gott hat es ihnen offenbart. Seit Erschaffung der Welt wird seine unsichtbare Wirklichkeit an den Werken der Schöpfung mit der Vernunft wahrgenommen, seine ewige Macht und Gottheit« (Römer 1,19f). Wenn wir mit unserer Vernunft auf die Schöpfung schauen, können wir auf ihren Schöpfer schließen. Und wir können in der Schönheit der Schöpfung Gott als das Urschöne erkennen. So jedenfalls Paulus.

Heute würden wir diesen Satz des Paulus etwas vorsichtiger formulieren. Wir können nicht sagen: Alle vernünftigen Menschen müssen an Gott glauben. Es gibt durchaus vernünftige Menschen, die nicht an Gott glauben. Aber wenn die Menschen die Natur mit ihrer Vernunft betrachten und durchforschen, werden sie zumindest auf das Geheimnis der Natur stoßen. Sie werden das, was sie wahrnehmen, nicht unbedingt Gott nennen. Aber sie sind, wenn sie ihrer Vernunft folgen, offen für das Geheimnis, für die Wunder der Schöpfung, für die Schönheit der Schöpfung und für die offensichtlich vernünftigen Gesetze, die in der Natur herrschen.

20) Gibt es Gottesbeweise?

In der Geschichte der christlichen Theologie wurden immer wieder Gottesbeweise formuliert. Da gibt es den *kosmologischen* Gottesbeweis. Alles, was ist, braucht einen Grund. Es muss den »unbewegten Beweger« geben, der alle Bewegung angestoßen hat. Dann gibt es den *moralischen* Gottesbeweis. Er geht davon aus, dass sich jeder Mensch Werten verpflichtet fühlt. Aber die Verpflichtung hat ohne die Existenz Gottes keinen Sinn. Des Weiteren der *metaphysische* Gottesbeweis. Er geht von der Idee des Vollkommenen aus. So hat es etwa Anselm von Canterbury im 11. Jahrhundert formuliert: Gott ist das Größte, was gedacht werden kann. Aber das Größte, was gedacht werden kann, muss auch existieren, sonst wäre es nicht das Größte.

All diese Beweise haben im Lauf der Geschichte heftige Kritik erfahren. Heute sehen wir sie als eine Hilfe, unseren Glauben zu stärken. Aber sie sind letztlich keine schlüssigen Beweise, die jeder vernünftig Denkende unbedingt annehmen muss. Bei den Gottesbeweisen fehlen die Exaktheit der Mathematik und die Verifizierbarkeit der Physik. Unser spirituelles Leben kann nicht auf Gottesbeweisen aufbauen. Sie unternehmen den Versuch, von der Vernunft aus auf Gott zu schließen. Aber da wir Gott nicht als solchen mit unserer Vernunft begreifen können, führen sie zwar auf Gott hin, aber letztlich beweisen können sie ihn nicht. Sonst müssten wirklich alle vernünftigen Menschen glauben. Gottes-»Beweise« lassen uns die Freiheit, sie anzunehmen oder nicht.

21 Gibt es Wunder?

Der Kirchenlehrer Augustinus (354–430) sieht es als das größte Wunder an, dass die Erde Früchte trägt, dass jeden Frühling die Wiesen und Bäume wieder grün werden. Die Bibel berichtet uns darüber hinaus von Heilungswundern, die Jesus gewirkt hat, und von anderen Wundern wie dem der Brotvermehrung oder des Wandelns Jesu über das Wasser. Die kritischen Betrachter der Bibel haben diese Wunder in Frage gestellt. Doch heute sind sich die Theologen einig, dass Jesus Kranke geheilt hat.

Wir dürfen beim Begriff »Wunder« nicht sofort an das Außerkraftsetzen von Naturgesetzen denken. Wenn Jesus einen Menschen heilt, können wir bei manchen dieser Wunder auch psychologische Gesetzmäßigkeiten erkennen. Jesus hatte offensichtlich eine so heilsame und starke Ausstrahlung, dass er in den Menschen eine heftige Bewegung auslöste. Die heutige Medizin kann diese Heilungswunder Jesu durchaus bestätigen. Es gibt auch heute noch unerklärliche Rückbildungen und Spontanheilungen. Die Medizin kann das nicht kausal erklären, doch sie konstatiert, dass sie möglich sind. Wir können dann von einem Wunder sprechen. Aber wir müssen es nicht beweisen. Wunder ist nicht allein das, was wir naturwissenschaftlich nicht erklären können. Jede Heilung ist letztlich ein Wunder. Dabei hilft der Arzt mit seiner Medizin und mit seiner Kunst kräftig mit. Dass der Mensch dann jedoch tatsächlich gesund wird, hängt nicht allein vom Arzt und seiner Medizin ab, sondern ist eben immer ein Wunder. In diesem Fall denken Glaubende an Gott, der das Wunder gewirkt hat. Und sie danken ihm für die glückliche Heilung.

Heute sind wir wieder offener geworden für scheinbar unerklärliche Phänomene. Wir wissen beispielsweise von indischen Fakiren, dass sie Dinge vollbringen, die unseren Verstand zunächst übersteigen. Wir wissen von Menschen, die in Einklang sind mit sich selbst, so dass wilde Tiere ihre Nähe suchen und zahm werden wie einst der Wolf von Gubbio in der Nähe des heiligen Franziskus. Was wir früher als Legenden abgetan haben, können wir uns heute durchaus vorstellen. Aber wir sollten die Wunder *nicht* als *Beweise* für Gottes Existenz nehmen. Wie schon in der Bibel deutlich wird, können die Wunder unseren Glauben stärken. Aber auch damals haben sich Menschen von Jesus nicht überzeugen lassen durch seine Wunder. Sie haben ihm vorgeworfen, er würde mit der Kraft des Beelzebub, eines Dämonen, Wunder wirken. Man kann also immer Argumente gegen die Wunder vorbringen. Sie laden jedoch ein, über sie zu staunen, vielleicht über das Wunder einer Heilung und über die vielen Wunder, denen wir in der Natur begegnen.

22 Gibt es eine göttliche Realität unabhängig von mir?

Wir glauben, dass Gott in uns ist. Aber das bedeutet nicht, dass wir über Gott verfügen und ihn reduzieren können auf unseren innersten Kern. Gott ist eine Wirklichkeit, unabhängig von uns. Aber er steht zugleich immer in Beziehung zu uns. Gott ist der Grund allen Seins, er ist das Sein schlechthin. Er ist nicht etwas Seiendes (*ens*), sondern das reine Sein (*esse*). So sagt es Thomas von Aquin. Wir können Gott nur in Gegensätzen denken. Er ist der Schöpfer allen Seins und die Liebe, die alles Sein durchdringt. Also begegnen wir Gott auch in den seienden Dingen, in der Schöpfung und im Menschen. Aber wir dürfen ihn nie auf die Welt oder auf den Menschen reduzieren, den er durchdringt. Gott ist immer auch der, der alles übersteigt. Die Theologie formuliert das so: Gott ist nicht nur immanent (also in den Dingen), sondern auch transzendent (die Dinge übersteigend). Und als Transzendenz, als das Übersteigende, ist er eine eigene Wirklichkeit jenseits alles Seienden, das wir sehen und erkennen.

Ist Gott eine Einbildung, ein Wunschbild?

Der Philosoph Ludwig Feuerbach (1804–1872) war davon überzeugt, dass Gott eine Projektion des Menschen ist, der all seine
Bedürfnisse in ihn hineinprojiziert. Später hat diese Idee der Be-
gründer der Psychoanalyse, Sigmund Freud (1856–1939), aufgegriffen. Für ihn ist Religion eine Projektion. Gott selbst existiert
nicht, weder für Freud noch für Feuerbach. Der Philosoph und
der Psychologe sprechen etwas aus, was durchaus bei manchen
der Fall ist: Es gibt Menschen, die ihre Bedürfnisse nach Geborgenheit oder nach einem guten Vater auf Gott projizieren. Das
brauchen wir nicht zu kritisieren. Aber wenn wir in der infantilen Haltung steckenbleiben, dass Gott der große Vater oder die
gute Mutter ist, die all unsere Wünsche erfüllt, dann sollten wir
uns von dieser Projektion verabschieden. Wir sollten ein erwach-
senes Gottesbild entwickeln. Ähnlich verhält es sich, wenn wir
in Gott unsere Größenfantasien hineinprojizieren, wenn wir uns
mit Gott identifizieren und uns dadurch über die anderen stellen, die nicht glauben, dann verfehlen wir den wirklichen Gott
und auch eine gesunde Spiritualität.

Wir sollten also unsere Gottesbilder durchaus danach befragen,
wo sie unserer Einbildung und Projektion entspringen und dann
nach dem Gott als dem Grund allen Seins Ausschau halten, nach
dem Gott, der uns gegenübertritt, der uns anspricht, etwa im
Wort der Bibel. Und wir sollten unsere Sinne öffnen, um in allem, was wir wahrnehmen, die Spuren Gottes zu erkennen. Glau-

bende können die Spuren Gottes erkennen, weil es da einen Gott gibt, der diese Spuren in die Welt eingegraben hat.

24

Spricht nicht das Chaos in der Welt gegen einen Gott?

Das Chaos in der Welt spricht gegen einen Gott, so wie wir ihn uns oft vorstellen: gegen einen allmächtigen und immer gütigen Gott. Denn das Chaos müsste doch der allmächtige Gott ordnen können. Und wenn er barmherzig und gütig zu uns Menschen ist, müsste er uns davor bewahren. Aber er tut es offenbar nicht.

Wir gehen oft von einer Vorstellung aus, die die Philosophie entwickelt hat: das Bild eines vollkommenen Gottes, der das vollkommen Gute ist und die reine Liebe. Aber dieses Bild ist abstrakt. Wir bringen es nicht mit der Realität unserer Welt zusammen. Theologie bedeutet eigentlich, dass wir das, was wir beobachten können, interpretieren: So geschieht es auch mit dem Leben Jesu – von seinem gewaltsamen Tod und seiner Auferstehung her. Das, was vorgefallen ist, deuten wir im Nachhinein und versuchen, es zu verstehen. Genauso sollten wir es mit dieser Welt machen. Wir nehmen die Welt wahr, wie sie ist, mit all den Ungerechtigkeiten, Naturkatastrophen, den vielen Kriegen und Streitigkeiten. Dann versuchen wir das, was wir sehen, zu verstehen. Einen Teil können wir durch die Bosheit der Menschen erklären. Sie sind es, die aus Gier oder Angst Kriege anzetteln, die grausam sind, Terror verbreiten. Es ist menschliche Schuld, dass soviel im Argen liegt in unserer Welt. Wir könnten nun fragen, warum Gott die Menschen nicht daran hindert, so viel Unheil in die Welt zu bringen. Aber wie steht es mit den Naturkatastrophen? Natürlich sehen wir auch da, dass manche durch menschliches Fehlverhalten verschuldet sind. Aber es treten auch solche auf, an denen der Mensch keinen Anteil hat. Das gab es schon immer, auch als der Mensch die Umwelt noch nicht so negativ beeinflussen konnte wie heute. An dieser Stelle müssen wir unser Bild von der heilen Natur revidieren. Sie kann auch grausam sein. Das Wasser kann unsere Felder befruchten. Es kann aber auch eine zerstörerische Macht entfalten, wie bei vielen Überschwemmungen der letzten Jahre deutlich wurde.

Wir könnten uns fragen: Warum hat Gott eine Welt geschaffen, in der nicht alles geordnet ist, sondern in der es immer wieder zu Katastrophen kommt? Wir sehen, dass in der Geschichte der Erde große Feuer gewütet haben. Dann gab es verschiedene andere Ereignisse, die beispielsweise zum Aussterben der Dinosaurier geführt haben. Wir können das nur feststellen beziehungsweise die geologischen Zusammenhänge erforschen, die der Grund dafür waren. Aber *warum* das alles so geschehen ist, können wir letztlich nicht verstehen. Wir bringen es zumindest nicht zusammen mit einem manchmal allzu harmonischen Gottesbild. Wir müssen erst die Fakten sehen und ernst nehmen. Dann können wir versuchen, eine theologische Deutung zu geben. Und die zeigt uns, dass wir Gott nicht wahrhaft kennen. Er entzieht sich unserem Wissen. Wir sehen nur, dass er auch unbekannte, dunkle Züge hat, die wir gerne aus unserem Gottesbild entfernen möchten.

Das Chaos der Welt spricht also nicht unbedingt gegen Gott, sondern gegen ein Bild, das wir uns von ihm gemacht haben. Wir müssen uns bei allen Naturkatastrophen immer wieder fragen: Wie sollen wir uns einen Gott vorstellen, der der Grund allen Seins ist, auch eines zerstörerischen Seins, das wir immer wieder in der Geschichte der Menschheit und des Kosmos wahrnehmen? Das ist eine Frage, der wir uns immer wieder neu stellen müssen, ohne dass wir sie jemals befriedigend beantworten könnten. Karl Rahner hat sich immer wieder dieser chaotischen Dimension unserer Welt gestellt und trotzdem daran festgehalten, dass der tiefste Grund allen Seins Gott als die Liebe ist. So hat es schon der 1. Johannesbrief ausgedrückt: »Gott ist Liebe. Und wer in der Liebe bleibt, bleibt in Gott, und Gott bleibt in ihm« (1 Johannes 4,16).

25

Kann jemand, der/die an Gott glaubt, wissenschaftlich orientiert sein?

Viele Wissenschaftler können ihr Tun mit dem Glauben an Gott verbinden. Bekannt ist die Aussage von Werner Heisenberg (1901–1976), einem der genialsten Physiker des 20. Jahrhunderts: »Der erste Trunk aus dem Becher der Naturwissenschaften macht atheistisch, doch auf dem Boden des Bechers erscheint dann Gott.« Für Heisenberg stand sein wissenschaftliches Forschen in keinem Gegensatz zu seinem Glauben, aus dem er immer gelebt hat. Im Gegenteil, die Quantenphysik hat manche Sätze des Glaubens wieder neu verstärkt. So zeigt sie uns, dass unsere Gedanken durchaus eine Wirkung auf die Materie haben können. Das meint auch, dass unser Gebet nicht einfach sinnlos ist. Es kann durchaus eine heilende Kraft bis in die Materie hinein entfalten.

Wichtig ist, dass der Glaube der Wissenschaft keine Grenzen setzt. Was wir erforschen können, das sollen wir erforschen. Aber bei der Deutung der Forschungsergebnisse hat der Glaube mitzusprechen. Er soll sie nicht in Frage stellen oder korrigieren. Seine Aufgabe ist es, den Hintergrund all dessen, was wir naturwissenschaftlich erkennen können, zu beschreiben.

Hans-Peter Dürr (1929–2014), ein anderer Quantenphysiker, bezeichnet die Physik als Wie-Wissenschaft. Sie erforscht, wie alles funktioniert. Aber sie stellt nicht die Frage nach dem Was. Er meint:»Wenn man wirklich ›Was‹ fragt, dann muss man die

Naturwissenschaften verlassen, denn Gott ist kein Mathematiker.«

Warum gibt es weltweit so unterschiedliche Gottesbilder, die miteinander konkurrieren? Meinen sie letztlich doch alle dasselbe?

Es gibt nur einen Gott. Aber die Gottesbilder sind verschieden. Jede Religion hat ihre eigenen. Es gibt in anderen Religionen Aspekte am jeweiligen Gottesbild, die auch uns als Christen guttun, allerdings manchmal auch solche, die Angst verbreiten. Insofern ist es wichtig, unser christliches Gottesbild mit den Gottesbildern anderer Religionen zu vergleichen und uns zu fragen, wo wir von anderen etwas lernen können und wo wir uns bewusst abgrenzen sollten. Wir Christen glauben, dass Jesus uns ein Bild Gottes vor Augen geführt hat, das dem wahren Gott am nächsten kommt. Und wir glauben, dass Jesus uns ein menschenfreundliches Gottesbild vermittelt hat. Als die Leute Jesus predigen hörten, spürten sie, dass seine Art, von Gott zu sprechen, ihnen wirklich Gott vermittelte. Sie spürten Gottes Gegenwart in den Worten Jesu. Er hat nicht nur über Gott gesprochen, sondern ihn in seinen Worten und seinem Leben aufscheinen lassen. In seinen Worten wurde Gott für die Menschen erfahrbar. Als Jesus das erste Mal in Kafarnaum predigte, waren die Zuhörer »sehr betroffen von seiner Lehre, denn er redete mit göttlicher Vollmacht« (Lukas 4,32). Im Griechischen heißt es hier: »*en exousia*«. Jesus hat also aus dem Sein heraus gesprochen, so, dass Gott einfach da war. Die Menschen spürten: Er spricht nicht einfach nur über Gott, sondern Gott wird selbst gegenwärtig, da gewinnt er Sein.

Gibt es eine Verbindung zwischen Gott und den Menschen und damit mit mir?

Gott ist nicht der Ferne, der irgendwo thront und keine Beziehung zu den Menschen hat. Gott ist Liebe. Und die Liebe will sich mitteilen. In Jesus ist Gott zu uns »herabgestiegen«, um mit uns und bei uns zu sein, um mit uns unsere Wege zu gehen. Durch Jesus hat er uns seinen Heiligen Geist mitgeteilt, dass er in uns ist. Wir sind also innerlich mit Gott verbunden. Und dieser Gott, der mit mir verbunden ist, ist auch mit den anderen Menschen verbunden. So führt mich der Gedanke an Gott immer auch zum Denken an die Mitmenschen. Denn ich bin nicht allein vor Gott. Wir sind gemeinsam vor Gott. Nicht umsonst beten wir: »Vater *unser*«. Wenn wir zu Gott beten, werden wir immer daran erinnert, dass er unser aller Vater ist. Wir schauen auf zu ihm und zugleich wenden wir uns den Menschen zu, die genauso wie wir Kinder Gottes sind.

28 Können Menschen »Dolmetscher« für Gott sein?

Gott hat immer durch Menschen gesprochen. Im Alten Testament waren es die Propheten. In der Taufe sind wir alle zu Propheten und Prophetinnen gesalbt worden. Ein Prophet ist keiner, der die Zukunft voraussagt, sondern von seinem Wesen her einer, der etwas von Gott ausdrückt, was nur durch ihn zum Ausdruck kommen kann. Jeder Mensch vermittelt also etwas von Gott, was nur durch ihn vermittelt werden kann. Insofern können Menschen Dolmetscher für Gott sein. Sie bringen uns etwas von ihm nahe. In der Liebe eines Menschen erahnen wir, was es bedeutet, dass Gott uns liebt. In der Klarheit eines Menschen leuchtet etwas von Gottes Klarheit auf.

Der Religionsphilosoph Romano Guardini (1885–1968) meinte einmal, jeder Mensch sei ein einmaliges Wort, das Gott nur in diesem Menschen spricht, gleichsam wie ein Passwort. Und meine Aufgabe als Mensch bestehe darin, dieses einmalige Wort Gottes in mir zum Klingen zu bringen. Dann wird durch mich etwas von Gott hörbar oder sichtbar, dann werde ich zum Dolmetscher Gottes. Wenn ich jedoch einfach nur so dahinlebe, wenn ich mir selbst entfremdet bin, dann werde ich zu einem Dolmetscher, der die Botschaft Gottes verfälscht. Es ist daher meine Aufgabe, durchlässig zu werden für Gott, damit seine Botschaft durch mich auch für andere erfahrbar wird.

Haben Frauen und Männer unterschiedliche Zugänge und Vorstellungen zu beziehungsweise von Gott?

Die Geschichte zeigt, dass Männer und Frauen unterschiedliche Vorstellungen von und andere Zugänge zu Gott haben. Es gibt matriarchale Kulturen, in denen Gott weiblich ist. Gott ist die große Mutter, die fruchtbare Erde, die alles hervorbringt. Dagegen ist die jüdische Religion eher männlich geprägt. Gott ist der Krieger, der für sein Volk eintritt und es schützt vor den Feinden. Ihm muss man dienen und seine Gebote erfüllen. Aber auch im Judentum gibt es große Frauen, die einen anderen Zugang zu Gott haben. Da ist Mirjam, die Schwester des Mose. Debora, die Richterin, Judith, die Kämpferin, und Tamara, die wilde Frau. Sie haben Gott auf ihre Weise verehrt. Und sie hatten sicher weibliche Bilder von ihm.

Im Lukasevangelium erzählt der Autor nach einem Gleichnis, in dem Männer die Hauptrolle spielen, häufig ein Gleichnis, in dem Frauen im Zentrum stehen. Als Jesus in den Tempel gebracht wurde, sprechen ein Mann und eine Frau, Simeon und Hanna, von ihm. Lukas ist der Überzeugung, dass wir von Jesus nur richtig sprechen können, wenn wir ihn zugleich aus der Sicht eines Mannes und der einer Frau aus betrachten. Sonst bleibt unser Gottesbild einseitig.

Worin die Unterschiede im Zugäng zu und in der Vorstellung von Gott bestehen, darüber streiten sich Männer und Frauen oft. Wichtiger als die Unterschiede zu beschreiben und festzulegen wäre es, dass Männer und Frauen ihrem eigenen Gespür trauen. Sie sollen in sich hineinhorchen und sich fragen: Welche Vorstellungen von Gott tauchen in mir auf? Wie sehe ich meine Beziehung zu Gott? Männer sehen in Gott oft den, der etwas von ihnen fordert. Daher wollen sie ihre Spiritualität oft im Tun ausdrücken. Frauen sehen Gott dagegen häufig als die große Liebe, die sie umgibt, die sie durchdringt, als das Mütterliche, in dem sie Geborgenheit erfahren. Sie wollen zuerst einmal Gott erfahren, bevor sie sich über das Handeln Gedanken machen.

30

Zeigt sich Gott unterschiedlich in der Geschichte?

Die Frage ist, ob Gott sich unterschiedlich in der Geschichte zeigt oder ob sich nur unsere Vorstellung von ihm in der Geschichte ändert. Beides hängt wohl miteinander zusammen. Gott hat sich in der Geschichte oft als der Schöpfer der Welt gezeigt. Das hat zu einer eigenen Spiritualität geführt, zur sogenannten Schöpfungsspiritualität. Dann hat Gott sich vor allem dem Volk Israel gegenüber als der Beschützer, aber auch als der Kämpfer gezeigt, der für sein Volk kämpft und es sicher ins Gelobte Land führt. Das Volk Israel hat Gott jedoch auch immer wieder als strafenden Gott erfahren, vor allem dann, wenn es selbst von den Geboten Gottes abgewichen ist. In Jesus hat Gott sich wieder auf eine neue Weise gezeigt, als der barmherzige Vater, als der, der sich den Menschen zuneigt, sie besucht und mit göttlichen Gaben beschenkt.

Der Evangelist Lukas ist davon überzeugt, dass Gott sich nicht nur in der Geschichte unterschiedlich zeigt, sondern dass die Geschichte auch einen Sinn hat, dass Gott durch die geschichtlichen Ereignisse selbst zu uns spricht. So erzählt er die Geschichte der frühen Kirche, um das Wirken Gottes an uns aufzuzeigen. Im Evangelium fordert Jesus die Menschen auf, die Zeichen der Zeit zu verstehen (vgl. Lukas 12,56). Wir haben die Aufgabe, uns zu überlegen, was Gott uns durch das, was unsere Zeit heute ausmacht, sagen möchte, was seine Botschaft und seine Herausforderung an uns ist.

31

Was heißt es angesichts des Zustands der Welt, dass Gott allmächtig ist?

Wenn wir in die Welt schauen und sehen, dass beispielsweise Terroristen und Tyrannen immer wieder die Oberhand gewinnen, tun wir uns schwer mit der Vorstellung, dass Gott allmächtig ist. Wenn er es wäre, könnte er doch den Terroristen Einhalt gebieten und die Tyrannen vom Thron stürzen. Aber er tut es nicht. Wir erleben Gott eher als ohnmächtig. Das ist auch die biblische Botschaft des Kreuzes: Gott hat in seiner Allmacht seinen Sohn nicht vor den Mördern errettet. Das Kreuz ist für uns Christen ein Zeichen, dass Gott selbst in die Ohnmacht hineingeht, dass er selbst schwach wird, das Leiden mit uns aushält. Aber gerade darin zeigt er seine Allmacht. Denn indem der Sohn in die äußerste Ohnmacht des Leidens hineingeht, verwandelt er das Leiden von innen.

Von der Begrifflichkeit der Philosophie her liegt es eher nahe, Gott als allmächtig zu denken. Die Allmacht gehört häufig zu einem philosophischen Gottesbild. Auch die Theologie widerspricht dem auf den ersten Blick nicht. Aber sie sagt darüber hinaus, dass Gott diese Allmacht ganz anders zeigt, als wir es erwarten. Er rettet das sterbenskranke Kind nicht vor dem Tod, aber er geht mit ihm und rettet es im Tod. In jedem Kind ist etwas, was von Gottes Allmacht geschützt ist: der innerste Kern, das wahre Selbst. Darüber hat weder die Krankheit noch der Tod Macht. Dieses innerste Wesen des Menschen ist von der Allmacht Gottes geschützt. Davon spricht Jesus in seiner Zusage an seine Jünger: »Ich gebe ihnen ewiges Leben. Sie werden niemals zugrunde gehen, und niemand wird sie meiner Hand entreißen« (Johannes 10,28).

Hat das Christentum eine eigene Antwort auf die Frage nach dem Wesen Gottes?

Philosophen haben seit jeher über Gott nachgedacht. Doch der Gott der Philosophen ist wesensgemäß ein abstrakter Gott. Er wird beschrieben als reiner Geist, als der, der alle menschlichen Worte und Bilder übersteigt, als die reine Güte und als unbeschreiblich und unbegreiflich. Dagegen haben die verschiedenen Religionen *Bilder* von Gott entworfen. Das Christentum gründet einmal auf dem Gott, wie ihn uns die Schriften des Alten Testaments schildern. Es ist ein barmherziger und gütiger, aber auch ein eifersüchtiger Gott, der darüber wacht, dass sein Volk seinen Bund mit ihm einhält und seine Gebote befolgt. Er erscheint auch als strafend und zornig, wenn die Menschen ihre eigenen Wege gehen und sich nicht um ihn kümmern. Gott bringt sich also zur Geltung, wenn der Mensch von ihm abweicht. Dabei schildert uns das Alte Testament ihn in menschlichen Bildern. Die jüdischen Theologen haben in ihrer Theologie darauf geantwortet, wie wir als denkende und vernunftbegabte Menschen diese Bilder verstehen sollen. Dabei darf man das Bild des strafenden Gottes nicht auf die Ebene des Menschen herabziehen. Gott ist kein strenger Richter, der genau auf die Einhaltung seiner Gebote achtet und jeden bestraft, der nicht richtig handelt. Das Bild des strafenden Gottes will vielmehr sagen, dass der Mensch nicht ungestraft gegen sein Wesen verstoßen kann. Wenn er nicht im Einklang mit sich selbst und seinem wahren Wesen lebt, dann reagieren entweder sein Leib oder seine Seele oder beide. Das Bild des strafenden Gottes will also die Menschen ermahnen, dass sie ihr eigenes Menschsein ernst nehmen und so leben, wie es ihrem Wesen entspricht. Sonst hat das negative Folgen für sie selbst und für ihr Zusammenleben. Gott ist also für das Alte Testament eigentlich der Garant, dass der Mensch richtig lebt und dass er gut mit anderen zusammenlebt. Die Zehn Gebote, die Gott dem Volk Israel gegeben hat, sind daher Wege der Weisheit, wie das Leben des Einzelnen und einer Gemeinschaft gelingt.

Jesus bezieht sich in seiner Verkündigung auf den Gott, wie ihn uns die Schriften des Alten Testaments beschrieben haben. Aber er betont noch andere Züge. Für ihn ist Gott vor allem der barmherzige Vater. Jesus spricht ihn mit »Abba« an. Das ist ein sehr persönliches Kosewort, das man mit »lieber Vater« oder »Väterchen« übersetzen könnte. Jesus selbst hat eine sehr persönliche Beziehung zu ihm als Vater. Und er fordert auch uns dazu auf, in eine persönliche und intime Beziehung zu ihm zu treten. Jesus hat also den oft als fern erfahrenen Gott als einen nahen Gott ansichtig gemacht. Auch für Jesus ist es wichtig, die Augen zu öffnen und auf das zu achten, was er von uns will. Gottes Wille ist heilsam für den Menschen.

Im Johannesevangelium spricht Jesus davon, dass er und der Vater eins sind und dass seine Jünger teilhaben an seiner Einheit mit dem Vater: »Alle sollen eins sein: Wie du, Vater, in mir bist und ich in dir bin, sollen auch sie in uns sein« (Johannes 17,21). Das Wesen Gottes leuchtet uns auf im Antlitz Jesu. So sagt Jesus zu Philippus: »Wer mich gesehen hat, hat den Vater gesehen« (Johannes 14,9). Gott wird also erfahrbar in dem Menschen Jesus. Jesus als Mensch ist ganz und gar eins mit Gott. Wenn wir Gott als fern und unbegreiflich erleben, sollen wir deshalb auf Jesus schauen. Dann leuchtet uns etwas auf von Gottes Wesen, von seiner Liebe und Güte, Herrlichkeit und Schönheit.

Aus den Worten Jesu über seine Einheit mit dem Vater und über den Geist, den er uns sendet, haben die christlichen Theologen dann die Lehre vom dreifaltigen Gott entwickelt: Das Wesen Gottes ist Offenheit und Gemeinschaft, ist Liebe und Beziehung. Gott ist in sich Liebe, die von sich aus die Beziehung zum Menschen sucht. Gott gießt seinen Geist in uns aus. Im Geist ist er selbst in uns. Gott ist uns also nicht nur in Jesus nahegekommen, sodass wir in seinem Antlitz etwas von Gottes Wesen erkennen, er will auch in uns wohnen. »Wenn jemand mich liebt, wird er an meinem Wort festhalten, mein Vater wird ihn lieben, und wir werden zu ihm kommen und bei ihm wohnen« (Johannes 14,23). Aber dieser Gott, der in uns wohnt, bleibt immer auch der Unverfügbare jenseits aller Bilder und Vorstellungen.

Vor dem Hintergrund der Botschaft Jesu hat die christliche Theologie Gott und Mensch untrennbar miteinander verbunden. Wir können nicht über Gott sprechen, ohne über den Menschen zu sprechen. Und umgekehrt: Wir können das Wesen des Menschen nicht beschreiben, ohne von Gott zu sprechen. Denn Gott und Mensch gehören zusammen. Allerdings vermischt die christliche Theologie Gott und Mensch nicht miteinander. Das

Konzil von Chalcedon hat im Jahr 451 die Beziehung von Gott und Mensch in Jesus Christus so beschrieben, dass die Gottheit und Menschheit in Jesus »ungetrennt und unvermischt« sind. Das gilt auch für unsere Beziehung zu Gott. Wir sind mit ihm verbunden, aber »ungetrennt und unvermischt«. Das heißt: Wir bleiben ganz und gar Mensch. Und doch hat sich Gott mit uns untrennbar verbunden. Er wohnt in uns, ist unsere innerste Mitte. Wenn Gott in uns wohnt, verwandelt das auch unser Menschsein. Wir werden durchlässig für ihn, hängen nicht mehr an unserem Ego, das sich immer und überall beweisen und anderen imponieren muss. Wir kommen, wie der Tiefenpsychologe C. G. Jung (1875–1961) das ausdrückt, zu unserem wahren Selbst. Über das Selbst können wir nicht sprechen, ohne von Gott zu reden. Denn der Gott, der in uns wohnt, bringt uns in Berührung mit dem wahren Selbst, mit dem ursprünglichen und unverfälschten Bild Gottes von uns.

33) Ist Gott Liebe?

Der 1. Johannesbrief definiert Gott als Liebe: »Gott ist Liebe, und wer in der Liebe bleibt, bleibt in Gott, und Gott bleibt in ihm« (1 Johannes 4,16). Aber die Frage ist, was Liebe hier bedeutet. Die griechische Philosophie hat sie als eine Macht verstanden, die das Getrennte miteinander verbindet, als eine Kraft, die uns Menschen verwandelt. Sie kennt drei Worte für Liebe:

1. *Eros*, das ist die begehrende Liebe, die in uns einbricht, wenn wir uns verlieben, die uns an andere Menschen bindet oder uns mit Leidenschaft etwas erforschen lässt. Es ist auch die Kraft, die das Getrennte miteinander verbindet.

2. *Philia*, die Liebe unter Freunden. Ich nehme den anderen an, wie er ist. Diese Freundesliebe, so schreibt der antike griechische Philosoph Platon (5./4. Jhd. v. Chr.), kann es nur unter guten Menschen geben. Die Freundesliebe verlangt vom anderen nichts, sondern sie liebt, weil sie liebt.

3. *Agape*, die reine Liebe, die den Kosmos durchdringt. Es ist die Liebe als die Quelle, die auf dem Grund unserer Seele strömt und aus der wir unsere konkrete menschliche Liebe schöpfen.

Von Gott sagt der 1. Johannesbrief, dass er *Agape* ist, reine Liebe. Aber wir dürfen das nicht zu konkret als Vater- oder Mutterliebe verstehen, das bringt uns in Schwierigkeiten. Dann können wir beispielsweise nicht verstehen, wenn ein Kind stirbt.

Denn ein Vater lässt nicht zu, dass sein Kind Schaden erleidet. Und eine Mutter tut alles, damit das Kind gesund wird. Wenn wir Gott als Liebe bezeichnen, so müssen wir, wie Karl Rahner meint, immer bedenken, dass es um eine unbegreifliche Liebe geht, die unsere konkreten Vorstellungen übersteigt.

Wir Menschen sprechen von Liebe meistens im Blick auf unsere Beziehungen. Wir sehnen uns danach, einen anderen Menschen zu lieben und von ihm geliebt zu werden. In dieser Sehnsucht erfahren wir manchmal Erfüllung und manchmal Enttäuschung. Jenseits davon können wir aber auch erfahren, dass wir einfach Liebe *sind*. Eine Frau erzählte mir, sie habe meditiert und auf einmal sei sie Liebe gewesen. Sie ist aus ihr geströmt in ihr Zimmer, zu den Pflanzen, zu ihrer Katze, zu den Menschen in ihrer Umgebung, zu allen Menschen, die ihr einfielen. Es war eine unbegrenzte Liebe, die einfach strömte. Das ist wohl das Wesen der Liebe, dass sie strömt und alles, was sie durchdringt, verwandelt. Liebe gibt allem einen angenehmen »Geschmack«. Johannes hat das in der bildhaften Erzählung von der Hochzeit zu Kana ausgedrückt (vgl. Johannes 2,1–12): Die Liebe verwandelt unser schal gewordenes Lebenswasser in Wein. Sie gibt unserem Leben einen süßen, angenehmen, uns erhebenden Geschmack.

In diesem Sinn können wir uns Gott als Liebe vorstellen, die den ganzen Kosmos durchdringt. Wenn wir das glauben, erleben wir eine Landschaft anders. Dann strömt uns aus der Schönheit der Landschaft Liebe entgegen, entdecken wir die Liebe in einer Blume, in einem Baum. Gott ist die Liebe, die in uns strömt wie eine Quelle, die nie versiegt. In unserer Liebe zu Menschen erleben wir immer beides: Erfüllung und Enttäuschung, Verzauberung und Verletzung. Wenn wir jenseits dieser Erfahrungen in den Grund unserer Seele gehen, entdecken wir eine Liebe, die uns niemand nehmen kann. Es ist eine Quelle, die immer strömt. Wenn wir daran glauben, dann fühlen wir uns nie allein oder einsam. In uns wird eine Quelle der Liebe spürbar, die uns nährt und uns mit einem angenehmen Geschmack erfüllt, so wie wenn wir ganz langsam einen Schluck Wein trinken und dieses angenehme Gefühl in uns genießen.

34) Ist das Wissen der Völker und Kulturen von Gott gleichrangig?

Es gibt durchaus Unterschiede im Wissen von Gott. Einige Völker kennen beispielsweise ein eher Angst machendes Gottesbild. Die Menschen fürchten sich vor Geistern, etwa vor denen der Verstorbenen. Daher müssen sie beispielsweise bei einer Beerdigung möglichst genau alle Vorschriften einhalten, damit sich die Verstorbenen nicht rächen. Hier merkt man, dass Gott als solcher nicht viel Macht hat. Man kümmert sich mehr um Geister, die einem schaden könnten. Für andere ist Gott zwar der Schöpfer der Welt. Aber er wird weit weg von seiner Schöpfung gedacht.

Wieder andere Völker und Kulturen haben sehr klare Vorstellungen von Gott. Etwa im Judentum und im Islam. Da ist Gott nicht nur der ferne Schöpfer, sondern auch der, der unsere Existenz bestimmt, uns Weisungen erteilt, wie wir leben sollen. Zudem ist er ein barmherziger und guter Gott. Im Buddhismus dagegen weigert man sich, konkret von Gott zu sprechen. Gott ist mehr die Verneinung all dessen, was wir sagen und erkennen können. Hier wird Gott eher apersonal gedacht. Gott ist das reine Sein. Das ist sicher ein wichtiger Aspekt Gottes. Christen können im Dialog mit Juden, Moslems und Buddhisten erfahren, wie diese Religionen Gott sehen. Und dann versuchen, als Christen ihre Antwort zu geben – nicht in dem Sinn, alles besser zu wissen, sondern eine Antwort, die die Sichtweisen der anderen

Religionen achtet und wertschätzt, aber zu einem eigenen Verständnis Gottes kommt.

Hindus wiederum sprechen von vielen Göttern, die jedoch letztlich nur Bilder für Gott sind. Dahinter verwirklicht sich das Göttliche schlechthin. Die Bilder weisen auf das Geheimnis hinter ihnen. Auch im Dialog mit den Hindus können wir unsere Sichtweise Gottes erweitern. Denn die vielen Bilder zeigen, dass wir Gott nicht einseitig festgelegt sehen dürfen, sondern in seiner Vielfalt betrachten müssen.

Als Christen glauben wir, dass uns Jesus das reinste und menschenfreundlichste Gottesbild verkündet hat. Insofern grenzen wir uns von den Gottesbildern anderer Religionen ab. Aber wir respektieren sie und nehmen sie als Chance, unsere manchmal zu enge Sicht von Gott zu erweitern, damit wir dem Geheimnis Gottes immer mehr gerecht werden. Im Dialog mit den anderen Religionen werden wir die Botschaft Jesu vom väterlichen und mütterlichen Gott besser verstehen. Dann werden uns in den Worten Jesu Aspekte aufgehen, die wir durch unsere manchmal einseitige und abendländische Sicht bisher übersehen haben.

35) Sind der christliche Gott und der Glaube an ihn anderen Gottesvorstellungen überlegen?

Wir müssen unterscheiden zwischen der Botschaft Jesu von Gott und den Bildern, die wir Christen von ihm haben. Wir werden nicht immer der Botschaft Jesu gerecht. Daher dürfen wir uns auch nicht über andere stellen. Es braucht die Demut, dass wir auf dem Weg bleiben, um dem Bild von Gott, das uns Jesus vor Augen geführt hat, näher zu kommen. Aber von der Botschaft Jesu von Gott können Christen durchaus sagen, dass sie einzigartig ist unter den Konzeptionen von Gott in den verschiedenen Religionen. Doch diese Botschaft Jesu lehnt die anderen Konzeptionen von Gott nicht einfach ab. Man könnte vielmehr sagen: Jesus erfüllt mit seiner Botschaft die Sehnsucht, die in allen Religionen steckt, die Sehnsucht nach einem barmherzigen und menschenfreundlichen Gott, der uns nahekommt, mit uns eins sein will, uns mit seiner Liebe durchdringt. Die Sehnsucht nach diesem Gott können wir durchaus in allen Religionen wahrnehmen. Aber sie spricht sich einmalig in dem Gottesbild aus, das uns Jesus verkündet hat.

Gibt es konkrete Ereignisse, die Gott zeigen, in denen sich Gott zeigt? Wie spüre ich das?

Es gibt Ereignisse, die Gott zeigen. Aber man kann sie nicht als absoluten Beweis für Gottes Handeln anführen, weil man ein Ereignis verschieden deuten kann. Manche persönlichen Erfahrungen sagen uns: Da war Gott am Werk. Wir dürfen diesen Erfahrungen trauen. Da kommt einem zum Beispiel eine plötzliche Einsicht: Ich muss mein Leben ändern. Ich will nicht mehr nur äußerlich leben. Ich spüre, dass ich nach innen gehen muss. Oder ein Wort der Bibel spricht uns auf einmal an und wir spüren: Ja, das stimmt. Das ist die Wahrheit. So erging es etwa der Philosophin Edith Stein (1891–1942), die bei einer befreundeten Gelehrten übernachtete und vor dem Schlafengehen die Autobiografie von Teresa von Ávila (1515–1582) zur Hand nahm. Sie konnte das Buch nicht zur Seite legen, sondern las die ganze Nacht. Und da spürte sie: Ja, das ist die Wahrheit. Sie hat daraufhin ihr Leben völlig verändert, sich taufen lassen und ist später selbst Karmelitin geworden wie Teresa.

Viele Menschen erzählen von ähnlichen Erfahrungen. Wir dürfen darauf vertrauen, dass uns in diesen Erfahrungen Gott selbst berührt hat. Aber wir können das vor anderen nicht beweisen. Wir können dafür nur Zeugnis ablegen: Für mich war das so. Ich habe mich von Gott berührt gefühlt.

Wir stoßen aber auch auf Ereignisse in der Weltgeschichte, die uns Gott zeigen. Für die Israeliten waren der Auszug aus Ägypten und der Durchzug durch das Rote Meer solche Ereignisse. Immer wieder erinnerten sie sich an diese große Tat Gottes in der Geschichte ihres Volkes. Sie war die Grundlage ihres Glaubens. An jedem Sabbat wird an diese befreiende Tat Gottes gedacht. Das stärkte und stärkt immer wieder neu den Glauben.

Für uns Christen ist die Geschichte Jesu so ein Ereignis, in dem Gottes Wirken für die Menschen sichtbar wurde und in dem wir auch heute noch Gottes Wirken wahrnehmen können.

Es gibt jedoch auch in der politischen Geschichte Ereignisse, die wir mit Gott in Verbindung bringen können. Das waren etwa die Aufhebung der Apartheid-Gesetze in Südafrika (1991) und der Fall der Mauer zwischen der DDR und der Bundesrepublik Deutschland (1989). Natürlich können Politikwissenschaftler viele rationale Gründe für diese Entwicklungen anführen. Aber gerade in Bezug auf den Fall der Mauer war der Auslöser dieser Revolution doch das friedliche Gebet bei den Montagsdemonstrationen in Leipzig. Die Menschen dort haben dieses Geschehen als Wirken Gottes erfahren. Dem dürfen wir trauen.

37) Gibt es das vom Menschen unabhängige Böse? Gibt es den Teufel?

Die Frage nach dem Bösen hat die Menschen seit jeher bewegt. Und die Religionen geben verschiedene Antworten darauf. Manche unterscheiden zwischen dem guten Gott und dem dunklen Gott, der die Ursache des Bösen ist. Das Alte Testament hat das Geheimnis des Bösen durch die Erzählung vom Sündenfall zu erklären versucht (vgl. Genesis 3): Gott hat den Menschen gut geschaffen. Wie kommt also das Böse in die Welt? Das Bild der Schlange, die Adam und Eva dazu verführt, vom Baum der Erkenntnis zu essen und damit das Gebot Gottes zu übertreten, wird zum Bild für das Böse. Aber dann kann man sich doch fragen: Warum hat Gott die Schlange geschaffen? Die Theologen erklären die Sündenfallgeschichte so: Die Urversuchung des Menschen ist, sein zu wollen wie Gott. Er erfährt, dass er Geschöpf Gottes ist, dass er nicht absolut über sich verfügen kann. Wenn er der Versuchung nachgibt, dann ist das gegen die Ordnung, dann wird dadurch das Böse erzeugt. Denn der Mensch stellt sich damit auch über die anderen Menschen und handelt böse an ihnen.

Das ist eine der Erklärungen dafür, warum es das Böse gibt. Aber ganz zufrieden stellt uns diese Erklärung nicht. Eine andere Variante ist, dass der Teufel der Vater des Bösen sei. Aber was ist der Teufel? Im Buch Hiob wird der Satan als ein Bote gesehen, der am Hofstaat Gottes ein- und ausgeht. Er bekommt sogar von

Gott die Erlaubnis, Hiob auf seinen Glauben hin zu prüfen. Das Böse, das Hiob widerfährt, geschieht hier also mit Erlaubnis Gottes, gleichsam als Prüfung, ob dieser Mensch Gott wirklich achtet oder ob er Gott nur braucht, damit es ihm gutgeht. Auch diese Erklärung gibt keine wirklich zufriedenstellende Antwort.

Die christliche Tradition spricht vom Teufel. Eine Erklärung geht dahin, dass er ein »gefallener Engel« sei. Auch hier wird die Versuchung so gesehen: Luzifer wollte sein wie Gott.

Bevor man die Frage nach dem Teufel beantworten kann, muss man erst einmal sehen, was die christliche Theologie darunter versteht: Laut ihr ist er ein geschaffenes geistiges Wesen und eine personale Macht. Das bedeutet: Der Teufel ist keine Person, die man absolut setzen könnte. Er ist vielmehr eine erfahrbare Macht, die dem Personsein des Menschen schaden kann. Man könnte es psychologisch so erklären: Der Teufel ist ein Bild für die Tiefendimension des Bösen. Zu sagen, das Böse sei nichts anderes als negative Gedanken, würde es allzu sehr nivellieren und verharmlosen. Das Böse begegnet uns oft wie ein Sog, wie eine Macht. Aber es ist keine selbstständige Macht, sondern wird erzeugt durch unbewusste Vorgänge im Menschen.

Manches Böse kann man psychologisch erklären. Albert Görres, ein katholischer Psychoanalytiker (1918–1996), meinte einmal, das Böse sei oft die Begleichung alter Rechnungen bei den falschen Schuldnern. Ich tue jemandem etwas Böses und begleiche damit zum Beispiel die Rechnung mit meinem Vater, der mich sehr verletzt hat. Aber das Böse nur als Reaktion auf alte

Verletzungen zu sehen, genügt nicht. Es kann auch einen Sog in uns auslösen. Wir fühlen uns einfach gedrängt, einen anderen zu verletzen. Wir wissen selbst nicht, woher diese sadistischen Fantasien in uns kommen. Wir nehmen sie wahr. Und wir erkennen, dass wir dazu fähig sind. Daher bringt das Böse die Herausforderung mit sich, sich nicht von ihm bestimmen, sondern sich vom Geist Jesu durchdringen zu lassen, damit wir aus dem Geist Jesu heraus handeln und nicht aus dem Ungeist von Rache, Verleumdung und Kränkung.

Kann Gott böse sein?
Straft Gott?

Sowohl Philosophie als auch Theologie sagen von Gott, dass er das absolut Gute sei. Daher könne Gott nicht böse sein. Das Böse sei das Gegenteil von Gott. Die Theologie spricht aber auch vom dunklen Gott, den wir nicht verstehen, der uns unbegreiflich vorkommt. In unserer Erfahrung können wir Gott durchaus als böse erleben: Wenn uns ein Unglück trifft, wenn durch einen Tsunami tausende unschuldige Menschen sterben müssen. Dann hadern wir mit Gott, klagen ihn an, wie er so grausam an den Menschen handeln kann. Doch das ist unser subjektives Erleben. Denn Gott selbst kann im eigentlichen Sinn nicht böse sein.

Die Bibel spricht durchaus vom strafenden Gott. Aber das ist eben ein Bild dafür, dass wir nicht ungestraft gegen unsere menschliche Natur und gegen die Schöpfung handeln und leben können. Auch hier geht es mehr um das subjektive Erleben Gottes: Wenn ich krank werde, weil ich zu viel gearbeitet habe oder weil ich mich in der Kälte nicht warm angezogen habe, dann erlebe ich die Krankheit als Strafe für mein Verhalten. Aber wir dürfen aus dieser Erfahrung keine Theorie machen, als ob jede Krankheit Strafe wäre für ein falsches Verhalten. Es gibt auch Krankheiten, die wir nicht erklären können, die nichts mit Strafe zu tun haben.

Manche Theologen interpretieren ein Unglück, das über ein Volk kommt, vorschnell als Strafe Gottes. Doch sie merken oft gar nicht, dass sie in ihre Deutung ihre eigene Tendenz zur Rechthaberei oder die Tendenz zu strafen und zu drohen, hineinlegen. Ihre eigenen Aggressionen fließen in diese Deutung hinein. Daher müssen wir immer vorsichtig sein, etwas als Strafe Gottes zu interpretieren. Das Bild der Strafe will uns nur daran erinnern, dass wir unserem Wesen gemäß leben sollen. Sonst könnte es eine negative Reaktion der Wirklichkeit auf unser Verhalten geben. Diese Reaktion folgt jedoch nicht automatisch. In den Psalmen beklagt sich der Beter oft, dass es den Frevlern gut, den Frommen dagegen schlecht geht. Aber in diesen Klagen meldet sich immer auch die Hoffnung, dass Gott irgendwann die Verhältnisse wieder zurechtrückt, dass die Gerechten in Frieden leben werden, während die Frevler irgendwann zugrunde gehen.

39) Christen reden von drei göttlichen Personen.
Wie kann ich das heute verstehen? Hat das
eine Bedeutung für mich?

Christen glauben an den einen und einzigen Gott. Zugleich bekennen sie von ihm, dass er dreifaltig ist. Das meint: Gott begegnet uns auf drei verschiedene Weisen: als *Schöpfer*, der die ganze Welt und der auch mich geschaffen hat, dem ich meine Existenz verdanke. Er begegnet mir in *Jesus Christus*, dem jüdischen Rabbi aus Nazaret, der von Gott auf eine ganz neue Weise gesprochen hat. Dieser Jesus begleitet mich. Gott lässt sich also für mich durch den Menschen Jesus erfahren. Und Gott begegnet mir als der *Heilige Geist*, der in mir ist.

Die Theologen der frühen Kirche haben lange darum gerungen, wie sie das Geheimnis des dreifaltigen Gottes verstehen können. Seitdem mühen sich die Theologen jedes Zeitalters immer wieder neu darum. Festzuhalten ist, dass Christen wie Juden und Moslems nur an einen einzigen Gott glauben. Aber der dreifaltige Gott ist einer, der für uns offen ist, der uns in Jesus so nahegekommen ist, dass er unsere Wege mit uns geht, und der uns im Heiligen Geist näher ist, als wir uns selbst sind. Rumi, ein islamischer Mystiker aus dem 12. Jahrhundert, meinte, dass Gott uns näher ist als unsere Halsschlagader. Das würden Christen mit dem Bild des Heiligen Geistes ausdrücken: Gott ist als Heiliger Geist in uns. Dort ist er uns näher als wir uns selbst häufig nahe sind. Denn wir sind uns oft entfremdet, wir leben außerhalb von uns. Der Heilige Geist will uns in Berührung bringen mit unserem wahren Selbst, damit wir durch ihn uns nahe sind, im Einklang sind mit uns selbst.

Für die griechischen Kirchenväter der ersten Jahrhunderte war klar, dass wir das Wesen Gottes nicht erkennen können. Er ist jenseits all unserer Begriffe und Bilder. Aber wir können das Wirken Gottes erkennen. Das wiederum haben die griechischen Kirchenväter immer in dreifacher Weise beschrieben. Darin sind ihnen auch die lateinischen Kirchenväter gefolgt. Ich möchte nur einen Theologen herausgreifen: Marius Victorinus (290–364). Er war ein römischer Rhetor und hatte eine klassische philosophische Ausbildung genossen. Als Neuplatoniker griff er die neuplatonische Lehre von den drei Prinzipien, auf denen alles beruht, als Bild für den dreifaltigen Gott auf. Er fand diese drei Prinzipien eingeprägt in der menschlichen Seele: Das Sein (*esse*), das Leben (*vivere*) und das Verstehen (*intellegere*). Diese drei Prinzipien bezieht Marius Victorinus auf den dreifaltigen Gott. Der Vater steht für das Sein. Gott ist das reine Sein. Der Sohn bedeutet das Leben, das aufblüht, das Lebendigkeit und Fülle meint. Der Heilige Geist ist das Verstehen. Der Vater ist die Quelle allen Seins, aus der das Leben (der Sohn) ausströmt, um uns zu begleiten und zu stärken. Der Heilige Geist führt uns durch das Verstehen in Gott zurück. Gott sendet seinen Sohn, damit er mit uns ist und unsere Wege mit uns geht. Und er sendet uns den Heiligen Geist, damit wir uns selbst und Gott verstehen. Der Heilige Geist, der vom Vater ausgeht, führt uns in Gott hinein. Er verbindet uns mit dem Ursprung.

Wir können diese drei Prinzipien auch auf uns selbst übertragen. Wenn wir mit dem reinen Sein in Berührung sind, wenn wir einfach nur reines Sein sind, dann erfahren wir Gott als den Vater. Das ist eine befreiende Erfahrung, einfach einmal da zu sein, ohne sich zu rechtfertigen, ohne etwas vorweisen zu müssen. In dieser Erfahrung, so meint Marius Victorinus, erahne ich, was das Geheimnis des Vaters ist: reines Sein.

Wenn wir lebendig sind, wenn Leben in uns aufblüht, dann erfahren wir Gott als den Sohn, der in uns ist und uns aufrichtet. In der Lebendigkeit, die ich in mir spüre, begegne ich dem Sohn, ist der Sohn selbst bei mir und in mir. Wenn wir uns selbst verstehen, dann erfahren wir Gott als den Heiligen Geist, wirkt der Heilige Geist in uns. Es gibt solche Augenblicke, in denen mir auf einmal alles klar ist. Ich blicke in den Grund meiner Seele. Und dort ist Klarheit. Dort berühre ich den Heiligen Geist in mir, der mir das Verständnis meiner selbst schenkt.

So ist das Bild des dreifaltigen Gottes immer auch ein Bild für uns Menschen. Es ist keine abstrakte Spekulation über das Wesen Gottes, sondern eine Beschreibung für unser Leben, wie wir uns selbst erleben und uns verstehen können als Menschen, die von Gott kommen (Vater), von Gott berührt sind (Sohn) und die manchmal in Augenblicken der Kontemplation klar sehen, den Grund allen Seins sehen und verstehen (Heiliger Geist). Es ist ein heilsames Bild, das uns in das Geheimnis Gottes und in unser eigenes Geheimnis hineinführt.

Was bedeutet die Rede vom Heiligen Geist? Wirkt er auch in mir?

Der Heilige Geist ist eine Gabe, die uns Gott schenkt. Es ist keine äußerliche Gabe, sondern im Heiligen Geist schenkt Gott uns sich selbst. Er ist die Art und Weise, wie Gott in uns ist. Paulus schreibt an die Römer: »Die Liebe Gottes ist ausgegossen in unsere Herzen durch den Heiligen Geist, der uns gegeben ist« (Römer 5,5). Paulus identifiziert den Heiligen Geist also mit der Liebe. Die Liebe, die wir in uns spüren, ist nicht nur eine Emotion, die in uns durch andere Menschen wachgerufen wird. Sie ist wie eine Quelle, die in uns strömt. Sie ist ausgegossen in unsere Herzen, durchdringt unser Herz, verwandelt es und macht es liebesfähig.

Die christliche Tradition hat viele Bilder vom Heiligen Geist entwickelt. Wir können über ihn nur in Bildern sprechen. Er ist der, der uns lebendig macht, der uns inspiriert, die Quelle, aus der wir schöpfen, ohne jemals ausgeschöpft zu werden. Er ist die Glut, die in uns glüht und uns lebendig hält. Er kann aber auch der Sturm sein, der alles Verstaubte aus uns herausbläst. Der Heilige Geist kann sich in uns zeigen als Begeisterung, die anhält. Und er ist – so sagt uns das Johannesevangelium – der Beistand, wenn wir nicht wissen, was wir sagen sollen. Er führt uns in alle Wahrheit ein und lässt uns die Worte Jesu verstehen.

Bibel

41

Spricht Gott durch die Bibel?
Woran erkenne ich das?

Die theologische Tradition versteht die Bibel als Wort Gottes an uns. Er spricht zu uns durch die Worte der Bibel. Das dürfen wir aber nicht so verstehen, dass Gott diese Worte aufgeschrieben oder sie direkt dem Propheten oder dem biblischen Autor eingegeben hätte. Die Bibel ist eine heilige Schrift. Aber sie ist von Menschen geschrieben, von geistlichen Schriftstellern, von Dichtern, von theologischen Autoren. Wir dürfen darauf vertrauen, dass diese menschlichen Worte »irgendwie« vom Geist Gottes eingegeben worden sind oder dass sie dem Wesen Gottes entsprechen. Wir glauben, dass Gott durch diese Schriften zu uns spricht.

Das bedeutet jedoch nicht, dass wir jedes Wort der Bibel wörtlich nehmen und verabsolutieren könnten. Wir müssen unseren Verstand einschalten. Die kritische Bibelwissenschaft (Exegese) hat erforscht, wie die biblischen Schriften entstanden sind und wo sie zum Beispiel Vorstellungen aus ihrer Umwelt übernommen haben. Zudem hat sie versucht herauszufinden, was uns die biblischen Texte in ihren ganz verschiedenen Ausrichtungen sagen möchten. Dazu wurden die verschiedenen Formen erforscht, in denen uns die biblischen Schriften überliefert sind: Erzählungen, Legenden, Märchen, Mythen, Gesetzestexte. Im Neuen Testament kennen wir Berufungsgeschichten, Heilungsgeschichten, Gleichnisse und einzelne Worte Jesu. Jede Form hat ihre eigene Wahrheit. Ich kann eine Legende nicht als historischen Bericht nehmen. Und ich kann ein Gleichnis nicht wie einen Zeitungsartikel lesen. Daher ist es wichtig, dass wir mit unserem Verstand an die Bibel herangehen und uns dann fragen: Was will mir Gott hier und jetzt in meiner konkreten Situation durch dieses Wort sagen?

Schon im Judentum bildete sich nach und nach ein Kanon heraus, nach dem schließlich festgelegt wurde, welche Bücher zur Heiligen Schrift gehören. Die Christen haben diese Tradition weitergeführt. In den ersten Jahrhunderten gab es außer den uns heute bekannten Schriften viele andere – wir nennen sie Apokryphen –, in denen von Jesus erzählt wird. In der Geschichte der christlichen Kirche hat man sich dann ebenfalls nach und nach darauf geeinigt, die Bücher des Alten Testaments als Heilige Schrift zu bezeichnen und zusätzlich bestimmte andere Schriften als zum Kanon gehörig zu verstehen. Dazu zählen die vier Evangelien, die Briefe des Apostels Paulus, weitere Briefe und das Buch der Offenbarung. Die Kirche hat sich darauf verständigt, dass in diesen Schriften Gott zu uns spricht. Das bedeutet nicht, dass jene anderen, nicht in den Kanon aufgenommenen Schriften wertlos sind. Aber sie stehen in Gefahr, das Bild Jesu zu einseitig zu zeichnen. Viele dieser apokryphen Schriften transportieren ein gnostisches Verständnis von Jesus. Er wird als der dargestellt, der seinen Jüngern ein geheimes Wissen mitteilte. Die Gnostiker nennen sich die »Wissenden«, die tiefere Einsichten haben in das Geheimnis Gottes und des Menschen. Sie lehnten oft die Menschlichkeit Jesu ab. Gegenüber dieser verfälschenden Sicht hat die Kirche am wahren Menschsein Jesu festgehalten, so wie sie in den Evangelien und in den Briefen des Neuen Testaments beschrieben wird. Die Gnosis war eine weit verbreitete Strömung, sowohl innerhalb als auch außerhalb des Christentums. Wir könnten sie mit der heutigen Esoterik vergleichen. Sie hat damals wie heute eine Faszination auf suchende Menschen ausgeübt, doch hat sie ihnen oft zu viel versprochen und sie damit überfordert.

Die Kirche hat also die Schriften festgelegt, die zum Kanon gehören. Ob Gott heute noch durch diese Worte zu mir spricht, erkenne ich immer daran, dass Gott mich im Herzen berührt. Augustinus hat ein Kriterium vorgeschlagen, das uns verdeutlichen möchte, wie wir Gottes Wort hören und verstehen sollen. Immer, wenn uns ein Wort der Schrift ärgert, sollen wir uns fragen, ob wir uns nicht über uns selbst ärgern oder ob wir ein falsches Gottes- und Selbstbild in uns tragen. Wir sollen solange mit dem Wort Gottes ringen, bis wir es verstehen. Dann verstehen wir uns auch selbst besser und werden wir uns selbst zum Freund. Wir werden ein Herz sein mit dem Wort der Bibel. Augustinus formuliert das schön: *Amicus tibi esto et concordas cum ipso*: Gehe freundlich mit dir um, sei dein eigener Freund, dann wirst du ein Herz sein mit dem Wort Gottes. Oder anders übersetzt: Wenn du freundlich mit dir umgehst, dann wirst du im Einklang sein mit dem Wort Gottes. Das gilt auch umkehrt: Wenn du mit dem Wort Gottes im Einklang bist, wirst du auch dein eigener Freund, deine eigene Freundin.

An welchen Grundtexten des Glaubens aus der Bibel kann ich mich erst einmal orientieren?

Ich möchte nun einige wenige grundlegende Texte der Bibel meditieren und im Sinn Augustinus' so für uns auslegen, dass wir mit uns selbst und mit dem Wort Gottes in Einklang kommen.

1. Genesis 1,1–31

Der Schöpfungsbericht ist eine wunderbare Erzählung darüber, wie Gott die Welt erschaffen hat. Aber wir dürfen diesen Schöpfungsbericht nicht naturwissenschaftlich auslegen. Die heutige Naturwissenschaft hat andere Vorstellungen von der Entstehung der Welt. Trotzdem zeigt uns der Schöpfungsbericht etwas Wesentliches: Gott hat alles erschaffen und wohl geordnet. Die Reihenfolge, in der die Bibel die Schöpfung erzählt, entspricht dabei durchaus Erkenntnissen heutiger Naturwissenschaft. So der Beginn der Schöpfung: »Gott sprach: Es werde Licht« (Genesis 1,3). Das sehen Naturwissenschaftler ähnlich: Im Anfang war Energie.

Die wichtigste Aussage des Schöpfungsberichtes ist aber: »Gott schuf also den Menschen als sein Abbild: als Abbild Gottes schuf er ihn. Als Mann und Frau schuf er sie« (Genesis 1,27). Das zeigt, dass Mann und Frau gleichberechtigt sind und dass jeder für sich, aber auch die beiden gemeinsam Abbild Gottes sind. In Mann und Frau wird etwas von der Liebe Gottes sichtbar. Und im Antlitz eines Menschen spiegelt sich das Angesicht Gottes. Der Schöpfungsbericht weiß also von der Würde des Menschen. Gott sah, dass alles gut, dass alles schön war. Er hat den Menschen als gut und schön erschaffen. Seine Schönheit spiegelt sich in der Schöpfung wider.

Eine andere wichtige Aussage: »Am siebten Tag vollendete Gott das Werk, das er geschaffen hatte, und er ruhte am siebten Tag« (Genesis 2,2). Es gibt Menschen, die von einer Arbeit zur anderen hetzen, von einem Projekt zum nächsten. Sie vollenden ihr Werk nicht, weil sie nicht ausruhen. Die Ruhe, so sagt uns dieser Text, gehört wesentlich zu unserer Arbeit. Ohne Ruhe können wir unsere Arbeit nicht vollenden, da bleibt sie Stückwerk. Die Ruhe, in der wir unsere Arbeit dankbar genießen, gehört wesentlich dazu, damit unsere Arbeit rund und ganz wird. So sagt uns der Schöpfungsbericht nicht nur etwas über die Entstehung der Welt, sondern auch über das Geheimnis des Menschen und über das Gelingen unseres Lebens.

2. Exodus 3,13–15

Am brennenden Dornbusch offenbart Gott seinen Namen. Doch das ist kein Name, mit dem man ihn festlegen kann. Er sagt zu Mose: »Ich bin der ›Ich-bin-da‹« (Exodus 3,14). Es ist mehr als ein Name. In diesem Wort kommt das Wesen Gottes zum Ausdruck. Er ist der, der immer da ist, der auch ganz er selbst ist. Wir sollten daran glauben, dass Gott immer gegenwärtig ist. Er ist dort, wo ich bin. Gott zieht sich nicht zurück.

Die Selbstoffenbarung sagt aber auch etwas über das Wesen des Menschen aus. Man könnte Gottes Wort auch so deuten: Ich bin ich. Der amerikanische Psychologe John Bradshaw meint: Das Kind ist von sich aus spirituell. Denn es hat ein Gefühl für: Ich bin ich. Und so hat es auch eine Ahnung von Gott. Den Grund, warum es so viele von Scham erfüllte, gebeugte Erwachsene gibt, sieht Bradshaw darin, dass man ihnen schon als Kind das Gefühl ausgetrieben hat, dass sie »ich« sind, dass sie sie selbst sind. Die Offenbarung Gottes sagt also auch etwas über uns Menschen aus. So wie Gott ganz er selbst ist, sollen auch wir in Einklang kommen mit dem wahren Selbst. Der indische Mystiker Anthony de Mello meinte, dass wir durch die Frage: »Wer bin ich?« letztlich auch zum Geheimnis Gottes gelangen, der uns zeigt, was »Ich« heißt.

3. Exodus 20,1–17

Wenn wir uns die Zehn Gebote vor Augen rufen, denken viele an Verpflichtungen und an ein schlechtes Gewissen. Doch hier ist eigentlich nicht die Rede von Geboten, sondern von Weisungen. Gott gibt eine Weisung, wie unser Leben gelingt. Daher ist das Volk Israel dankbar, dass Gott ihm so gute Weisungen gegeben hat. Sie sind die Bedingung, dass das Leben des Einzelnen und der Gemeinschaft gelingt. Am Beginn der Weisungen stellt sich Gott vor: »Ich bin Jahwe, dein Gott, der dich aus Ägypten geführt hat, aus dem Sklavenhaus« (Exodus 20,2). Die Weisungen wollen also die Freiheit schützen. Gott hat das Volk in die

Freiheit geführt. Aber diese Freiheit braucht einen Schutzrahmen, damit sie nicht wieder in neue Sklaverei umschlägt.

Die Zehn Gebote sind Weisungen, die alle Menschen verstehen und die ein gutes Miteinander ermöglichen: von Eltern und Kindern, Mann und Frau, in einem Dorf, wo einer das Eigentum des anderen achtet. Aber sie wollen auch etwas über unsere Gottesbeziehung sagen: Wir sollen uns kein Bildnis von Gott machen. Er lässt sich nicht festlegen. Das gilt auch für uns heute. Wir müssen zwar in Bildern von Gott sprechen. Denn ohne Bilder könnten wir gar nichts sagen. Aber zugleich müssen wir wissen, dass wir Gott nicht festlegen können auf ein Bild, denn er ist jenseits aller Bilder. Unsere Beziehung zu Gott braucht zudem den Sabbat, die Ruhe. Gott ist nicht der, der uns ständig zu Leistungen herausfordert. Er verlangt zwar von uns, dass wir unser Leben selbst gestalten. Aber die Verehrung Gottes tut immer auch dem Menschen gut. Indem wir ihn verehren, gönnen wir uns Ruhe, gönnen wir uns, einmal nichts zu tun.

4. Deuteronomium 6,4–6

Das jüdische Glaubensbekenntnis lautet: »Höre, Israel! Jahwe, unser Gott, Jahwe ist einzig« (Deuteronomium 6,4). Dieser Text ist für Menschen jüdischen Glaubens sehr wichtig, er wird bei vielen Gelegenheiten rezitiert. Auch Jesus selbst tat dies. Als die Schriftgelehrten ihn nach dem wichtigsten Gebot fragen, antwortet Jesus: »Höre, Israel, der Herr, unser Gott, ist der einzige Herr. Darum sollst du den Herrn, deinen Gott, lieben mit ganzem Herzen und ganzer Seele, mit all deinen Gedanken und all deiner Kraft« (Markus 12,29f).

Dass Gott einzig ist, ist weniger ein Ausdruck für Abgrenzung und Rechthaberei, sondern ein Ausdruck der Liebe. Gott soll für mich einzig sein, so wie der Mann oder die Frau, die ich liebe, für mich einzig ist. All mein Denken und Fühlen soll auf Gott gerichtet sein. Die Frage ist, wie wir Gott lieben können. Die Bibel meint damit, dass wir unsere ganze Sehnsucht auf Gott richten, die Sehnsucht unseres Herzens, unserer Seele, unsere Gedanken und Gefühle. Wir können Gott nicht so lieben wie einen Menschen. Aber wir können uns ganz und gar auf ihn ausrichten, alles in uns für ihn öffnen und Gott bekennen, dass nur er allein unsere tiefste Sehnsucht zu stillen vermag.

5. Matthäus 5,1–12

Mit den acht Seligpreisungen beginnt Jesus seine Bergpredigt. Man könnte sie als neue Interpretation der Gesetzestexte des Mose verstehen. Matthäus überliefert uns in seinem Evangelium fünf große Reden Jesu als Antwort auf die fünf Bücher des Mose. Und wie Mose auf dem Berg die Weisung Gottes empfing, so weist uns Jesus auf dem Berg den Weg zum gelingenden Leben. Man könnte die acht Seligpreisungen als Jesu Weg zum wahren Glück verstehen. Und wenn man möchte, kann man darin eine Antwort Jesu auf den achtfachen Pfad Buddhas (um 500 v. Chr.) zum gelingenden Leben sehen. Es kann durchaus sein, dass Matthäus, der uns die Bergpredigt überliefert, buddhistische Lehren gekannt hat. Dann wird in den Seligpreisungen Jesu die Weisheit des Ostens mit der Weisheit des Westens verbunden.

Heute gibt es viel Literatur zum Thema »Glück«. Oft genug wird der Weg zum Glück so beschrieben, als ob wir es uns selbst bereiten könnten. Und oft genug versprechen diese Bücher mehr als sie halten. Sie gaukeln uns gern eine heile Welt vor. Jesus zeigt uns sehr konkrete und realistische Wege, wie wir in jeder Situation, auch in der von Armut und Not, von Trauer und Verfolgung einen Weg zum gelingenden Leben finden. Das Ziel des Weges umschreibt Jesus mit dem Wort *makarios*. Das ist griechisch und meint das Glück der Götter auf dem Olymp: kein äußeres Glück also, sondern eines, das uns von Gott her geschenkt wird und in dem wir zugleich Gottes heilende und befreiende Nähe erfahren dürfen.

Jesus preist die glücklich, ja selig, die arm sind im Geist, die also an nichts hängen, die innerlich frei sind. Wer bereit ist, seine verpassten Lebenschancen und seine eigene Durchschnittlichkeit zu betrauern, wird Trost finden. Selig sind die Barmherzigen, die Gewaltlosen, die Friedfertigen, die hungern und dürsten nach Gerechtigkeit. Und selig sind die, die ein reines Herz haben, die in ihrer Suche nach Gott frei sind von allen egoistischen Nebenabsichten. Selbst die, die um der Gerechtigkeit willen verfolgt werden, können einen Weg finden, wie ihr Leben gelingt. Denn das Himmelreich, das in ihnen ist, ist frei von aller Verfolgung von außen, von aller Verletzung von außen. So zeigt Jesus uns realistische Wege, wie wir in allen Situationen

unseres Lebens einen Weg zum Glück, zum Gelingen finden
können.

6. *Matthäus 6,7–13*

Jesus hat die Jünger gelehrt, wie sie beten sollen. Beten heißt
nicht, möglichst viele Worte zu machen und damit Gott beeinflussen zu wollen. Es braucht nur wenige Worte. Und die spricht
uns Jesus vor. In diesen Worten wird das ausgedrückt, was unsere Seele im Tiefsten bewegt. Da ist einmal die Sehnsucht nach
Gott als unserem Vater. Er ist unser aller Vater. Wir können nur
im Geiste Jesu beten, wenn wir uns immer schon solidarisch
fühlen mit allen Menschen. Gottes Name werde geheiligt, das
meint: Wenn Gott im Mittelpunkt unseres Lebens steht, dann
finden wir selbst zu unserer Mitte. Wir beten, dass Gottes Reich
komme, dass all die Mächtigen, die sich anmaßen, diese Welt zu
beherrschen, abdanken und das sichtbar wird, was von Gottes
Geist erfüllt ist. Und wir beten, dass Gottes Wille geschehe, einmal auf der Welt, aber auch in unserem Leben. Manche haben
Angst, so zu beten, weil sie denken, Gott sei willkürlich und sein
Wille könnte uns schaden. Doch Gottes Wille ist, dass wir ganz
werden, dass wir so leben, wie es unserem Wesen entspricht. Er
befreit uns vom Festklammern an unsere Vorstellungen vom
Leben.

Wir dürfen auch um das tägliche Brot bitten, um all das, was wir
zum Leben brauchen. Wir beten um Vergebung und bekennen,
dass auch wir bereit sind, zu vergeben. Ohne Vergebung gelingt
unser Leben nicht. Ohne Vergebung sind wir immer gebunden

an den, der uns verletzt hat. Vergebung ist ein Akt der inneren Befreiung und Heilung. Dann bitten wir darum, dass Gott uns vor zu schweren Versuchungen bewahren und uns vor dem Bösen retten möge. Wir sind gefährdet durch Anfechtungen und Versuchungen. Doch wir vertrauen, dass Gott uns beisteht, sodass wir nicht in der Versuchung fallen.

Diese Worte sind angereichert durch das Beten Jesu, aber auch durch das all der Menschen, die seit zweitausend Jahren mit diesen Worten ihr Leben gemeistert haben. So haben wir im Beten dieser Worte teil an der Glaubenskraft unserer Vorfahren. Und wir können uns vorstellen, dass die Verstorbenen diese Worte jetzt als Schauende beten, während wir sie als suchende, glaubende, zweifelnde Menschen sprechen. So haben wir im Beten schon teil an ihrem Schauen.

7. Philipper 2,6–11

Paulus greift in diesen Worten einen frühchristlichen Hymnus auf. Es sind also uralte Worte aus den ersten Jahren nach Jesu Tod und Auferstehung. Da wird das Geheimnis Jesu beschrieben, der Gott gleich ist, aber sich für uns entäußert hat und wie ein Sklave wurde. Er stieg hinab zu uns, bis in den tiefsten Punkt unseres Lebens, bis in den Tod. Dadurch hat er unseren Tod verwandelt. Darum hat Gott ihn über alle erhöht. Jetzt sollen alle Menschen und alle Wesen ihre Knie beugen und Jesus anbeten und bekennen: »Jesus Christus ist der Herr.«

Hier wird das Zentrum unseres Glaubens in einem Hymnus besungen. Wir können über das Wesentliche unseres Glaubens nur in Bildern singen. Eine rein dogmatische Aussage genügt nicht. Die Theologen haben viel über die Entäußerung, die »Entleerung« nachgedacht. In Jesu Leben war von seiner Göttlichkeit nichts zu erkennen. Er ist ganz und gar Mensch geworden, sogar wie ein Sklave, der uns dient. Aber gerade deshalb, weil Jesus bereit war, ganz tief zu uns und in unsere Abgründe hinabzusteigen, hat Gott ihn erhöht über alle Himmel. Das wurde für die Kirchenväter ein Bild für uns: Nur wenn wir bereit sind, hinabzusteigen in die Tiefe unserer Seele, in das, was der Tiefenpsychologe C. G. Jung den »Schatten« nennt, können wir aufsteigen zu Gott. Nur wenn die Tiefen unseres Seins vom Licht Gottes durchdrungen sind, verliert unser Sein das schwere Gewicht, das uns nach unten zieht, und wir können mit allem, was wir sind, aufsteigen zu Gott.

8. Offenbarung 21,1–4

Das Buch der Offenbarung beschreibt die Bedrängnisse, denen die Christen des ersten Jahrhunderts ausgesetzt waren und denen wir heute in ähnlicher Weise begegnen. Der Autor jenes Buches ist davon überzeugt, dass diese Welt nicht mehr geheilt werden kann. Sie muss zugrunde gehen. Damit ist nicht der Kosmos gemeint, sondern die Welt, in der wir leben, von deren Maßstäben wir bestimmt werden: die Welt des Erfolges, des Streites, des Krieges. Aber das Zugrundegehen der bestehenden Welt ist nur ein Pol. Der andere: Uns wird das wahre Heil erwarten. Und dieses Heil wird in wunderbaren Bildern beschrieben, als neues Jerusalem, als eine Braut, die sich geschmückt hat. Gott selbst wird unter uns wohnen. Gott wird alle Tränen von unseren Augen abwischen und es wird keine Trauer und keine Klage mehr sein.

Das sind Bilder für das, was uns erwartet. Sie verleiten nicht zur Flucht in ein Jenseits. Vielmehr lässt uns der Blick auf das, was uns erwartet, das Diesseits mit all den Bedrängnissen ertragen, denn wir wissen, dass das nicht alles ist, dass eine neue Welt uns erwartet. In den frühen Kirchen wurde das »neue Jerusalem« häufig im Goldglanz der Mosaiken besonders in der Apsis abgebildet. Alle, die Gottesdienst feierten, schauten auf dieses Bild, diese Hoffnung. Das war zum einen eine Verheißung für das, was uns nach all den Bedrängnissen erwartet. Aber zugleich erfuhren die Christen in diesem Moment, dass sie schon hier und jetzt bei der Feier des Gottesdienstes Bürger des himmlischen Jerusalem sind, dass sie jetzt schon eintauchen in die neue Welt, in der keine Trauer und keine Klage mehr sein werden. So haben die Christen schon während des Gottesdienstes erfahren, dass Gott jetzt ihre Tränen abwischt. Sie haben mitten in den Bedrängnissen ihrer Zeit Trost und Hoffnung gespürt.

43) Kann ich heute überhaupt noch die Bibel verstehen? Geht das bei spontaner Lektüre?

Wir können heute die Bibel sehr gut verstehen. Aber wir müssen lernen, in Bildern zu denken. Und wir sollten die biblischen Texte als bildhafte Texte annehmen. Wenn wir sie wörtlich nehmen, geraten wir in unlösbare Schwierigkeiten. Vor allem künstlerisch begabte Menschen erfassen die Bibel intuitiv in ihrer heilsamen Bilderwelt. Aber viele rational Denkende tun sich mit Bibeltexten schwer. Sie verstehen einfach nicht, was damit gemeint ist. Spontane Lektüre kann uns also oft verunsichern und uns die Lust am Bibellesen nehmen. Auch bei spontaner Lektüre sollten wir uns auf bestimmte Texte konzentrieren. Ich glaube, dass jemand, der beispielsweise mit der Lektüre bei den Gesetzestexten im Buch Leviticus im Alten Testament beginnt, die Bibel schnell wieder weglegt. Das ist eine fremde Welt für ihn. Daher wäre es besser, mit den vier Evangelien anzufangen und dabei nicht danach zu fragen, ob das wirklich so passiert ist. Vielmehr sollte man seinen Assoziationen trauen, die hochkommen, wenn man von den Begegnungen Jesu mit den Menschen, von Heilungsgeschichten liest und wenn man die Gleichnisse Jesu zu verstehen sucht. Hilfreich kann es natürlich sein, eine Einleitung in das Lesen der Bibel zu studieren oder sich von verschiedenen Auslegungsmethoden anregen zu lassen. Aber dann sollte man nicht einfach kopieren, was andere sagen. Vielmehr sollten Leserinnen und Leser den eigenen Gedanken trauen, die beim Lesen der biblischen Texte in der Seele auftauchen.

44 Ist die Bibel vom Himmel gefallen?

Nein, ganz bestimmt nicht. Die Bibel ist nicht nur ein Buch, sondern sie beinhaltet viele Bücher. Und jedes dieser Bücher ist in einer anderen Zeit entstanden. Manchmal hat ein Buch auch lange Zeit gebraucht, bis es die Gestalt gewonnen hat, die wir heute vorfinden. Das gilt etwa vom Propheten Jesaja: Heute unterscheidet man drei verschiedene Bücher und auch drei verschiedene Autoren in diesem Text, der dem Propheten Jesaja zugeschrieben wird. Man spricht vom Protojesaja, vom Deuterojesaja und vom Tritojesaja. Jedes dieser Bücher hat eine eigene Theologie.

Auch wenn wir in der Bibel verschiedene Autoren ausmachen, können wir trotzdem sagen, dass sie Texte geschrieben haben, die auch heute noch für uns maßgebend sind. Allerdings widersprechen sich manche auch. Sie folgen verschiedenen theologischen Ideen. Doch gerade in ihrer Widersprüchlichkeit zeigen sie uns verschiedene Aspekte Gottes, die in ihm zusammenklingen. Wir Menschen brauchen diese verschiedenen Sichtweisen, damit wir Gott nicht einseitig festlegen, sondern offen sind für sein unbegreifliches Geheimnis.

Lesen Christen die jüdische Bibel, das sogenannte Alte Testament, anders als Juden?

Im Judentum wurden schon in der Zeit vor Christi Geburt Auslegungsmethoden entwickelt, die die Christen später übernommen haben.

So zum Beispiel die *allegorische Auslegung*, die lehrt, dass der Text noch etwas anderes, Tieferes aussagt als das, was rein faktisch erzählt wird. Paulus übernimmt diese Auslegung, wenn er beispielsweise Sara als Bild für den Neuen Bund und Hagar als Bild für den Alten Bund aussieht (vgl. Galather 4,21–31).

Eine zweite Möglichkeit war die *typologische Auslegung*, die zeigt, dass das Vergangene Typos, also Urbild für etwas Künftiges ist. Paulus ist dieser typologischen Auslegung verpflichtet, wenn er den Auszug Israels aus Ägypten als Bild für die Taufe sieht (vgl. 1 Korinther 10,1–13).

Christen und Juden lesen die Schöpfungsgeschichte und die vielen Erzählungen der fünf Bücher Mose auf ähnliche Weise. Das gilt auch für die Psalmen, die von beiden gebetet werden. Die Christen haben die Bücher des Alten Testaments jedoch immer schon als Verheißung und als Vorausdeutung dessen gesehen, was in Jesus Christus geschehen ist. Das lässt sich bereits im Neuen Testament ablesen: Der Evangelist Lukas lässt Jesus den Jüngern die Augen öffnen, damit sie Schriften des Alten Testaments neu verstehen, und zwar als Voraussagen für seinen Tod und seine Auferstehung: Jesus »legte ihnen dar, ausgehend von Mose und allen Propheten, was in der gesamten Schrift über ihn geschrieben steht« (Lukas 24,27). Christen lesen also in der Nachfolge des Lukas das Alte Testament immer schon im Blick auf Jesus Christus, in dem sich alles erfüllt, was dort über das Wirken Gottes an seinem Volk beschrieben ist.

Viele Kirchenväter stehen in der Tradition des Lukas. So hat auch Hieronymus (347–420) in seiner Übersetzung des Alten Testaments bereits Christus im Blick. Und darin sind ihm viele Kirchenväter gefolgt. Sie ziehen viele alttestamentliche Texte heran und sehen in ihnen eine Verheißung dessen, was in Christus geschehen ist. Beispielsweise werden alle Texte, die davon sprechen, dass Gott uns aus der »Grube« befreien wird, als Bild für den Tod und die Auferstehung Jesu gesehen. Da vollendet sich das befreiende Handeln Gottes, das das Alte Testament in vielen Bildern beschreibt.

Die verschiedenen Weisen, die Schriften des Alten Testaments zu verstehen, sollten aber Juden und Christen nicht davon abhalten, gemeinsam diese Schriften zu meditieren. Die Worte des Alten Testaments gelten uns Christen genauso wie den Juden.

Leider gab es im Christentum immer wieder Tendenzen, diese Schriften zu entwerten, in der Meinung, dass sie durch das Neue Testament ersetzt würden. Jesus aber war ganz und gar Jude und hat die Schriften der Tora beziehungsweise des Alten Testaments studiert, aus ihnen gelebt und sie immer wieder in seinen Reden zitiert. Daher ist es wichtig, dass wir das Alte Testament im Dialog mit den Juden zu verstehen suchen. Zugleich dürfen wir das Neue Testament als eine legitime Auslegung des Alten Testaments sehen.

Jesus)

46

Gibt es ein neuartiges Wissen von Gott durch Jesus?

Jesus hat auf neue Weise von Gott gesprochen. Insofern wird unser Wissen von Gott oder besser gesagt: unsere Vorstellung von Gott durch die Worte Jesu und durch sein Verhalten bereichert und oft auch verwandelt. Jesus erzählt uns aber keine Neuigkeiten im Sinn von neuen Informationen über Gott. Denn über ihn kann man nicht in einer informierenden Sprache sprechen, sondern nur in Bildern. Die Bilder, die Jesus von Gott braucht, sind vielfach neu.

Lukas beschreibt die erste Predigt Jesu vor den Leuten in Kafarnaum so: »Sie waren sehr betroffen von seiner Lehre, denn er redete mit (göttlicher) Vollmacht« (Lukas 4,32). Im Griechischen steht hier: *exousia*. Man könnte das übersetzen mit: aus dem Sein heraus. Jesus hat so von Gott gesprochen, dass die Leute sein Sein spürten, dass Gott im Wort erfahrbar wurde. Das kann uns heute genauso geschehen, wenn wir die Worte Jesu von Gott lesen. Dann spüren wir: Jesus spricht nicht über Gott, sondern er spricht ihn aus. Er lässt Gott präsent sein, wenn er spricht. Er spricht außerdem nicht von einem Gott, der ständig etwas von mir will, sondern vom wahren Sein Gottes. Dieses wahre Sein Gottes lockt daher in jenem Mann in der Synagoge lauten Protest hervor (vgl. Lukas 4,33–37). Lukas sagt von ihm, dass er einen unreinen dämonischen Geist besaß. Er besaß offensichtlich ein getrübtes Gottesbild, das er sich selbst zurechtgezimmert hatte. Jetzt spricht Jesus so von Gott, dass das religiöse System dieses Mannes ins Wanken gerät. Er muss sich dagegen wehren, denn wenn er dieses neue Gottesbild annähme, würde ihn das zwingen, sein bisheriges Lebensgebäude in Frage zu stellen und sich für den ganz anderen Gott zu öffnen. Jesus sieht in diesem Protest des Mannes einen Dämon, einen unreinen Geist am Werk. In seiner Vollmacht vertreibt er diesen Dämon, sodass der Mann wieder vernünftig denken und Jesu Gottesbild an sich heranlassen kann. Diese Geschichte ist eine Herausforderung für uns alle, die wir die Worte Jesu hören. Unser bisheriges Gottesbild bekommt Risse und wir werden offen für den unbegreiflichen Gott.

Inwieweit ist Jesus eine Alternative für mein Leben heute? Wie ist das plausibel zu machen?

Jesus zeigt mir auf jeden Fall eine Alternative für mein Leben heute. Wenn er aus dem Sein heraus spricht, dann meint er damit nicht nur das Sein Gottes, sondern auch das Sein des Menschen. Er sagt mir, wer ich bin. Wenn ich in Berührung komme mit meinem wahren Sein, dann erlebe ich mich anders. Ich werde frei von dem Druck, mich vor anderen Menschen ständig beweisen zu müssen. Viele definieren sich vom Sollen her. Sie stehen ständig unter Druck, die Forderungen Gottes oder noch häufiger die Forderungen des eigenen Über-Ichs zu erfüllen. Jesus zeigt uns eine Alternative dazu. Zuerst sollten wir erfahren und spüren, wer wir sind. Dann ändert sich unser Verhalten von alleine. Zuerst kommt das Sein und dann erst das Sollen.

Jesus setzt die Maßstäbe für unser Leben anders. Da geht es nicht um das Ego, das ständig imponieren möchte, sondern um das wahre Selbst, um die eigene Mitte, aus der heraus ich anders leben kann. Jesus stellt unsere Gier nach immer mehr Erfolg und Besitz in Frage und lehrt uns einen Weg der inneren Freiheit. Manche meinen, die Worte Jesu würden uns überfordern. Aber wenn wir sie genauer anschauen, sind sie voller Weisheit. Sie wollen uns einladen, eine Alternative zum heute üblichen Leben auszuprobieren, eine Alternative, die uns in die Freiheit, Lebendigkeit, die Liebe und in den Frieden führt.

48) Ist Jesus eine historische Gestalt?
Lebt er weiter? Wie? Wirkt er in uns?
Ist er überzeitlich?

Der Schweizer Psychologe C. G. Jung betrachtet Jesus als eine
historische Gestalt. Aber er meint, dass diese historische Gestalt
für die Menschen zu einem archetypischen Bild für das wahre
Selbst wurde. Daher wirkt Jesus weiter in uns als das archetypische Bild. Dieses Bild hat Auswirkungen auf uns. Es bringt uns
in Berührung mit unserer Mitte, es zentriert uns. Jung meint,
als Archetyp für das Selbst hat Jesus die Sehnsüchte vieler Menschen angesprochen, die sich nach Selbstwerdung oder, wie Jung
es nennt, Individuation sehnen.

Die Bibel beschreibt das Weiterwirken Jesu in einer anderen
Sprache als Jung. Sie sagt uns, dass Jesus nicht nur ein histori-
scher Mensch war, sondern dass er Gottes Sohn ist. Wie wir das
genau verstehen sollen, darüber haben die Theologen schon in
der frühen Kirche miteinander gestritten und gerungen. Es wird
wohl immer ein Geheimnis bleiben. In Jesus begegnet uns Gott
selbst. Und so können wir auch zu Jesus beten. Dabei wird uns
bewusst, dass Jesus in Gott ist. Jesus selbst sagt von sich: »Ich
und der Vater sind eins« (Johannes 10,30). Lukas beschreibt ihn
als den, der sich zur Rechten des Vaters gesetzt hat und unser
Anwalt ist: »Ihn hat Gott als Herrscher und Retter an seine rechte Seite erhoben, um Israel die Umkehr und Vergebung der Sünden zu schenken« (Apostelgeschichte 5,31). So tritt Jesus für uns

ein. Im Gebet können wir uns an ihn wenden, damit er uns vor dem Vater als unser Anwalt vertritt.

In den Evangelien können wir von der besonderen Beziehung Jesu zu seinen Jüngern lesen, die mehr war als eine Beziehung zwischen Lehrer und Schülern. Vielmehr sagt Jesus von sich, dass er in uns ist. Im Johannesevangelium veranschaulicht er das im Bild des Weinstocks: »Ich bin der Weinstock, ihr seid die Reben. Wer in mir bleibt und in wem ich bleibe, der bringt reiche Frucht; denn getrennt von mir könnt ihr nichts vollbringen« (Johannes 15,5). Jesus spricht hier in Bildern. Und dieses Innesein Jesu in uns können auch wir nur in Bildern beschreiben. Es lässt sich auch psychologisch deuten: Es gibt Menschen, die viel arbeiten, ohne wirklich Frucht zu bringen, weil sie es nur aus dem Ego heraus tun. Sie wollen mit ihrer Arbeit glänzen. Doch dieser Glanz bricht schnell zusammen. Wer dagegen aus dem Selbst, aus der inneren Mitte heraus arbeitet, dessen Tun bringt Segen. Ich kann das auch anders ausdrücken: Wenn ich aus Christus, meiner inneren Quelle, heraus arbeite, wird das, was ich tue, Segen bringen. Aus Christus heraus arbeiten bedeutet, durchlässig zu werden für den Geist Jesu. Man merkt es einem Menschen an, ob er zum Beispiel einen Vortrag hält, um sich selbst zu zelebrieren, oder ob er im Dienst Jesu steht oder im Dienst Gottes, im Dienst eines Größeren. Dann kommen seine Worte bei den Menschen viel eher an. Wer aus dem Ego heraus spricht, der erzeugt bei den Hörern entweder Widerstand und Ärger oder aber Bewunderung. Doch diese Bewunderung ist nicht Zeichen von Reife, sondern von Abhängigkeit. Man folgt dann einer Art Guru und macht sich gegebenenfalls völlig abhängig von ihm. Wer durchlässig ist für den Geist Jesu, der möchte die Menschen nicht belehren, sondern bringt sie in Berührung mit der Weisheit ihrer eigenen Seele.

Man kann also Jesu Weiterwirken bei Menschen beobachten, die durchlässig sind für den Geist Jesu. Dieser ist uns geschenkt. Aber ob wir durchlässig sind für ihn, das hängt von uns ab. Jesus wirkt nicht automatisch weiter in uns, sondern nur, wenn wir uns seinem Wirken öffnen.

49

Kann ich Jesus lieben (lernen)?
Unterscheiden sich darin Frauen und Männer?

Wenn ich die Bibel lese und mir vorstelle, wie Jesus auf die Menschen zuging, wie er sie ansprach, wie barmherzig er mit ihnen umging, dann wirkt er sympathisch auf mich. Und dann kann ich ihn auch liebgewinnen. Gerade das Lukasevangelium schildert ihn so anschaulich, dass ich mir ein Bild machen kann. Lukas gilt der Legende nach als ein Maler. Er schreibt so, dass durch seine Worte ein Bild entsteht. Diesen Jesus, der mir da bildhaft vor Augen geführt wird, kann ich lieben. Natürlich ist das eine andere Liebe als zu einem konkreten Menschen, mit dem ich sprechen kann. Beim Beten hilft mir aber beispielsweise auch eine Christus-Ikone. In diesem Bild kann ich mir Christus vorstellen. Eine andere Legende erzählt, dass die Ikonenmaler ein ursprüngliches Bild von Jesus als Vorbild hatten. Daher haben alle ihn mit dem typisch länglichen Gesicht dargestellt. Es spielt aber auch keine Rolle, inwieweit das Bild der Ikonen dem historischen Jesus gleicht oder nicht: Aus diesen heiligen Bildern kommt mir ein Mensch entgegen, den ich lieben kann. Im Bild der Christus-Ikone tritt mir nicht nur der historische Jesus entgegen, sondern der, der jetzt beim Vater ist. Und so ist meine Liebe zu Jesus immer schon Liebe zu Gott.

Ein anderer Ort, an dem ich die Liebe zu Jesus spüre, ist für mich das Jesusgebet, das ich mit dem Atem verbinde. Beim Einatmen sage ich mir: »Herr Jesus Christus« und beim Ausatmen:

»Sohn Gottes, erbarme dich meiner!« Die Mönche nennen das auch Herzensgebet. Beim Einatmen stelle ich mir vor, wie die Liebe Jesu in mein Herz strömt, und beim Ausatmen lasse ich diese Liebe in den ganzen Leib strömen. Indem ich die Liebe Jesu spüre, entsteht auch in mir Liebe zu Jesus. Es ist eine Liebe, die von ihm zu mir strömt und von mir zu ihm, eine Liebe, die verbindet.

Die Liebe zu Jesus zeigt sich bei Frauen und Männern häufig unterschiedlich. Bei manchen Frauen bekommt die Liebe zu Jesus eine erotische Färbung. Das können wir beispielsweise an bedeutenden Zeugnissen der Frauenmystik des Mittelalters beobachten. Die niederländische Mystikerin Hadewijch von Anvers (1230–1260) beschreibt ihr Einswerden mit Jesus in erotischer Sprache. Sie berichtet, wie sie am Pfingsttag während der Mette eine Vision hatte, in der sie sich vor Liebe zu ihrem Geliebten verzehrte: »Diesmal tobte das Liebesverlangen so gewaltig und schmerzlich in mir, dass meine Glieder einzeln zu brechen schienen und dass alle meine Nerven außerordentlich gespannt waren ... Danach kam er selbst zu mir: Er nahm mich ganz in seine Arme und drückte mich an sich. Mit all meinen Gliedern verspürte ich die volle Seligkeit seines Leibes nach der menschlichen Begierde meines Herzens.« Im erotischen Einswerden mit Christus als Mann erfährt Hadewijch auch ihr Einswerden mit Gott.

Wenn Männer über Jesus sprechen, klingt das eher nüchterner. Ihnen ist Jesus sympathisch. Sie sind von ihm als einem Mann fasziniert, der voller Selbstvertrauen ist und Kraft ausstrahlt, von dem man sich inspirieren und aktivieren lassen kann.

Manche Frauen stoßen sich allerdings auch daran, dass Jesus ein Mann war, sind aber fasziniert davon, wie er mit Frauen umgegangen ist. Sie betonen, dass Jesus in sich Weibliches und Männliches, *anima* und *animus*, integriert hat, wie C. G. Jung es nennen würde. An seinem Umgang mit Frauen spüre man, dass er ein besonderer Mann war. Weil er die weibliche Seite in sich zugelassen hat, konnte er auch Frauen mit Wertschätzung begegnen und sie aufrichten – gegenläufig zu den Mustern seiner Zeit.

50

Was haben Glaube, Gott und Jesus mit meiner, unserer konkreten Geschichte zu tun?

Jesus ist nicht nur ein Lehrer, der uns einen Weg zum gelingenden Leben zeigt. Er ist auch ein geschichtliches Ereignis, das seither unsere Jahrhunderte und auch meine Geschichte prägt. John Sanford, ein anglikanischer Geistlicher und Jung-Schüler, meinte einmal: Der Tod Jesu am Kreuz, bei dem Jesus selbst seinen Mördern vergibt, sei ein Ereignis, das seither die Geschichte beeinflusste. Die vollendete Liebe, die im Kreuz Jesu allen sichtbar geworden ist, breitet sich aus in die Welt und hat das menschliche Bewusstsein verändert. Man könnte sagen, das Kreuz hat wie kaum ein Ereignis zuvor oder danach das menschliche Bewusstsein verwandelt. Wenn die Liebe in einem Menschen so klar durchbricht wie in Jesus, dann verwandelt dies das allgemeine Bewusstsein der Menschheit. Von dieser Liebe geht eine Bewegung aus, die nicht mehr zu stoppen ist. Der Geist, den Jesus am Kreuz allen Menschen übergab, ergießt sich durch alle Bereiche menschlichen Denkens und Fühlens und wird so zu einer Quelle des Heils und der Heilung, der Transformation und Bewusstseinserweiterung für alle.

Heute kümmern sich viele Menschen nicht weiter darum, wie Jesus gestorben ist. Aber die Bibel erzählt davon in aller Klarheit. Das haben unzählige Menschen gelesen. So hat die Art und Weise, wie Jesus gestorben ist, seit Jahrhunderten Menschen unbewusst, aber immer wieder auch tief beeinflusst. Wenn ich nicht nur die Worte Jesu lese, die mir einen Weg zum Leben zeigen, sondern auch seine Geschichte meditiere, hat das eine verwandelnde Kraft für mein Leben, kann auch meine Lebensgeschichte davon verwandelt werden. Ich lebe also in einer Situation, in die das geschichtliche Ereignis von Leben, Tod und Auferstehung Jesu eingeschrieben ist. Wie weit diese Geschichte Jesu nun auch mein Leben tatsächlich prägt, hängt davon ab, ob ich mich damit auseinandersetze. Aber auch für Menschen, die sich nicht oder kaum mit Jesus beschäftigen, sind die Voraussetzungen ihres Daseins durch Jesu Schicksal zumindest kulturell mitgeprägt.

51) Welche Bedeutung hat der individuelle Weg Jesu, sein Schicksal von vor über zweitausend Jahren für mich?

Für C. G. Jung ist nicht nur Jesus selbst ein archetypisches Bild für unser wahres Selbst. Auch sein Leben mit seinen verschiedenen Stationen wie Geburt, Taufe, Versuchung, erstes Auftreten, Verklärung, Passion, Tod und Auferstehung sind archetypische Bilder für unseren Lebensweg. Im Schicksal Jesu können wir den eigenen Weg erkennen. Wir erleben wie Jesus Zurückweisung, Verleumdet-Werden, Verletzt-Werden, Verspottet-Werden und Gewalt. Wir können uns in allem, was wir von Jesus lesen, selbst wiederfinden. Zugleich entdecken wir an der Art und Weise, wie Jesus auf die Verletzungen durch die Menschen reagiert hat, einen Weg für uns.

Ich möchte nur ein Beispiel anführen. Im Johannesevangelium ist der Passionsweg Jesu ähnlich wie in den anderen Evangelien beschrieben. Aber er macht in seiner Passion den Eindruck eines souveränen Menschen. Das Leid vermag ihn nicht niederzudrücken. Er geht wie ein König hindurch. Den Grund, warum Jesus so auf die Verletzungen reagieren kann, liefert er in seiner Antwort an Pilatus: »Mein Königtum ist nicht von dieser Welt« (Johannes 18,36). Ich mache manchmal mit Kursteilnehmern folgende Übung: Wir gehen mit diesem Wort durch alle Situationen hindurch, in denen wir verletzt, gedemütigt, erniedrigt worden sind, durch Situationen von Krankheit und Leid.

Wenn ich mir jetzt vorstelle, dass mein Königtum nicht von dieser Welt ist, dann spüre ich: Etwas in mir wird vom Leid, von der Krankheit, von der Verletzung durch andere nicht berührt. Es ist etwas Königliches in mir, ein Reich, das nicht von dieser Welt ist. Darüber hat auch die Welt keine Macht. So kann mir die Meditation der Reaktion Jesu auf Pilatus helfen, meinen Weg auf neue Weise zu gehen. Ich verschließe mich nicht gegenüber dem Leid und den Kränkungen. Ich gehe vielmehr durch sie hindurch, aber mit dem heilsamen Bild, dass in mir ein Bereich ist, über den niemand verfügen kann, den daher auch niemand verletzen oder schädigen kann.

Mein Verhalten Menschen gegenüber kann durchaus vom Verhalten Jesu geprägt werden. Wenn Jesus den Zöllner Zachäus nicht verurteilt, sondern zu ihm aufschaut und ihn dadurch verwandelt (vgl. Lukas 19,1–10), wenn Jesus die Ehebrecherin nicht verurteilt, sondern ihr einen neuen Anfang ermöglicht (vgl. Johannes 8,1–11), dann wirkt – meine Offenheit vorausgesetzt – dieses Verhalten Jesu auf mich. Es ist eine lohnende Herausforderung, mich den Menschen gegenüber ähnlich zu verhalten, an den guten Kern in ihnen zu glauben. So werden die Worte Jesu für mich zum Anstoß, meine eigene Sichtweise des Lebens immer wieder in Frage zu stellen.

Gekreuzigt und auferstanden – hat das Auswirkungen für mich? Ist das eine gute Nachricht für mich?

Viele haben Probleme mit dem Bild des gekreuzigten Christus. Sie meinen, sie könnten den Blick auf ihn nicht aushalten. Doch für mich ist die Botschaft von Kreuz und Auferstehung eine frohe Botschaft. Sie sagt mir: Es gibt nichts in meinem Leben, das nicht verwandelt werden kann. Wenn selbst die grausamste Art zu sterben von Gott in Auferstehung verwandelt wird, dann gibt es in mir keine Dunkelheit, die nicht vom Licht erleuchtet wird. Es gibt kein Scheitern, das nicht zu einem neuen Anfang werden kann. Es gibt keine Erstarrung, die nicht aufgebrochen werden kann. Und es gibt keinen Tod, der nicht in neues Leben verwandelt werden kann. Kreuz und Auferstehung sind also ein Hoffnungssymbol.

Trotzdem werde ich nie ganz damit fertig, dass dieser wunderbare Rabbi am Kreuz gestorben ist. Ich darf daraus keine Theorie machen, warum das so sein musste. Ob es sein musste oder nicht, das weiß ich nicht. Ich weiß nur, dass es so geschehen ist. Die Frage ist, wie ich dieses Geschehen verstehe. Dabei helfen mir die verschiedenen Deutungen, die mir die Bibel anbietet. Johannes deutet den Tod Jesu am Kreuz als Verherrlichung Gottes. Das erscheint paradox. Aber für Johannes vollendet sich am Kreuz die Liebe Jesu. Es ist eine Liebe, die stärker ist als der Tod, die den Hass überwindet. Jesus selbst sagt von sich: »Es gibt keine größere Liebe als wenn jemand sein Leben hingibt für seine Freunde« (Johannes 15,13). Und an anderer Stelle: »Vom Kreuz herab werde ich alle an mich ziehen« (Johannes 12,32). Wenn ich das Kreuz so verstehe und meditiere, dann fühle ich mich von Jesus am Kreuz umarmt, mit all den Gegensätzen in mir und mit all den Verletzungen, die mir zu schaffen machen.

Ein anderes Bild, das mir hilft, mit dem Kreuz umzugehen, ist jenes, das uns Lukas vom Kreuz zeichnet: Es zeigt, dass wir alle durch Drangsal in das Himmelreich eingehen müssen. Wir sollen das Kreuz nicht herbeisehnen oder freiwillig darauf zugehen. Aber wenn es uns trifft, sollen wir uns von ihm nicht niederdrücken, sondern aufbrechen lassen für die unbegreifliche Liebe Gottes. In diesem Sinn verstehe ich Jesu Wort an die Emmausjünger: »Musste nicht der Messias all das erleiden, um so in seine Herrlichkeit zu gelangen?« (Lukas 24,26). Alles, was meine Lebenspläne durchkreuzt, kann eine Chance sein, mich aufzubrechen für die wahre Gestalt, die Gott mir zugedacht hat. Das Leid, das mich trifft, möchte nur die Vorstellungen zerbrechen, die ich mir vom Leben gemacht habe. Wenn das gelingt, werde ich nicht am Leid zerbrechen, sondern aufgebrochen für mein wahres Selbst, für die Menschen und für Gott.

Wir können das Kreuz nur im Blick auf die Auferstehung verstehen. Es verweist uns auf all das Schwere, das uns treffen könnte. Aber es ist nicht das Letzte. Das Ziel ist die Auferstehung. Alles in mir kann aufstehen, wenn ich von diesem Kreuz alte Lebensmuster zerbrechen lasse. Daher ist das Kreuz für die frühen Christen ein Siegeszeichen: Alles Leid ist überwunden. Aller Hass ist besiegt durch eine Liebe, die sich bis in die tiefste Dunkelheit hineingewagt und dort alle Finsternis erhellt hat.

53

Wohnt Gott irgendwo?
Wohnt da auch Jesus?

Gott hat keinen Wohnsitz. Er »bewohnt« die ganze Welt, den ganzen Kosmos. Ähnliches gilt von Jesus. Er ist dort, wo Gott ist. Jesus ist in Gott. Und Gottes und Jesu Geist durchdringen die ganze Welt. Natürlich haben die Menschen das Bedürfnis, Gottes Wohnung festzumachen, zum Beispiel in einer Kirche. Dieses Bedürfnis ist sehr alt und zeigte sich zum Beispiel darin, dass die Israeliten ihm einen Tempel bauen wollten. Als David ein Haus für Gott errichten wollte, ließ ihm Gott durch den Propheten Natan ausrichten: »Du willst mir ein Haus bauen, damit ich darin wohne? Seit dem Tag, als ich die Israeliten aus Ägypten heraufgeführt habe, habe ich bis heute nie in einem Haus gewohnt, sondern bin ich einer Zeltwohnung umhergezogen« (2 Samuel 7,5f).

Paulus bestätigt in seiner Areopagrede vor den griechischen Philosophen ihre Sichtweise: »Der Herr über Himmel und Erde wohnt nicht in Tempeln, die von Menschenhand gemacht sind« (Apostelgeschichte 17,24). Dennoch haben sowohl die Israeliten als auch die Christen das Bedürfnis gehabt, Tempel beziehungsweise Kirchen zu bauen. Sie waren sich jedoch bewusst, dass Gott überall wohnt und nicht nur im Tempel oder in einer Kirche.

Die Kirche als Bau, der die Schönheit Gottes widerspiegelt, ist eine Hilfe, mir Gottes heilende Nähe vorzustellen. Und wenn

Jesus

in dieser Kirche viele Menschen gebetet haben, habe ich den Eindruck, dass sie erfüllt ist von Gottes Gegenwart.

Kirchen sind Hilfen für uns, die Gegenwart Gottes zu erfahren. Aber Gott wohnt überall. Und er wohnt vor allem im menschlichen Herzen. Ein jüdischer Rabbi, so erzählt uns eine chassidische Geschichte, fragt seine Zuhörer: »Wo wohnt Gott?« Und als diese ihn auslachten, antwortete er: »Gott wohnt, wo man ihn einlässt.« Das ist auch eine Antwort, die wir Christen auf diese Frage geben könnten.

54

Räumt das moderne wissenschaftliche Weltbild mit einem Wohnort Gottes auf?

Nicht nur das moderne Weltbild sagt uns, dass Gott sich nicht an einem bestimmten Wohnort aufhält. Das haben schon die antiken griechischen Philosophen so gesehen. Und Lukas hat es in seiner Areopagrede bestätigt (vgl. Apostelgeschichte 17,16– 34). Gott ist überall. Er durchdringt das Weltall, er ist der Grund allen Seins. Die Quantenphysik hat erkannt, dass man Geist und Materie nicht trennen kann. Daher ist sie offen für den Gedanken, dass Gott überall wohnt und den ganzen Kosmos durchdringt mit seiner Weisheit, seiner Liebe, mit seinem Licht.

Mensch)

55

Ist der Mensch göttlich?
Was an mir ist dann göttlich?

Der Mensch ist nicht göttlich, sondern er ist und bleibt Mensch. Die Schöpfungsgeschichte der Bibel sagt uns, dass Gott den Menschen nach seinem Bild und Gleichnis geschaffen hat (vgl. Genesis 1,26). Im Hebräischen stehen hier zwei Worte, die eigentlich das Gleiche bedeuten: Bild. Die griechischen Kirchenväter übersetzen die Worte jedoch unterschiedlich: *eikon* = Bild und *homoioma* = Gleichnis. Sie deuten dieses Wort so, dass der Mensch Bild Gottes ist. Aber dieses Bild wird immer wieder verdunkelt, einmal durch die Sünde, zum anderen durch die Bilder, die wir über das ursprüngliche Bild Gottes legen. Unsere Aufgabe ist es, diesem Bild immer ähnlicher zu werden.

Die Botschaft des Neuen Testaments ist, dass Gott Mensch geworden ist, damit der Mensch mit göttlichem Leben erfüllt wird. Die griechischen Kirchenväter sprechen es mutiger aus: damit der Mensch vergöttlicht wird. Aber was heißt das? Es bedeutet, dass der Mensch ganz und gar Mensch bleibt, aber dass das göttliche Leben in ihm seine Hinfälligkeit in ewiges Leben verwandelt, dass der Mensch in seiner Hinfälligkeit in sich einen göttlichen Keim trägt, der auch durch den Tod nicht vernichtet wird. Die Eucharistie, in der wir das göttliche Leben empfangen, wird daher von den griechischen Kirchenvätern *pharmakon athanasias*, »Medikament der Unsterblichkeit« genannt.

Die Ursünde des Menschen besteht darin, selbst wie Gott werden zu wollen, selbst Gott zu sein, unabhängig, niemandem Rechenschaft schuldig. Doch wenn der Mensch sich selbst zum Gott macht, verliert er den Maßstab für menschliches Miteinander. Er wird die anderen neben sich erniedrigen, wird blind für die eigene Wirklichkeit, für seine Hinfälligkeit und Bedürftigkeit. Die Kirchenväter deuten das Bild vom brennenden Dornbusch im Blick auf die Vergöttlichung des Menschen durch die Geburt Christi, das heißt, wir sind und bleiben Dornbusch: verdorrt, vertrocknet, übersehen, wertlos. Aber dieser Dornbusch brennt, ohne zu verbrennen. In uns leuchtet Gottes Herrlichkeit auf. Wir verbrennen nicht, das heißt, unsere Menschlichkeit wird nicht aufgehoben. Wir bleiben vielmehr sterbliche Menschen. Doch das göttliche Leben, das uns Christus schenkt, bewirkt, dass wir jetzt schon teilhaben am ewigen Leben. Johannes drückt das in seinem Evangelium so aus: »Gott hat die Welt so sehr geliebt, dass er seinen einzigen Sohn gab, damit jeder, der an ihn glaubt, nicht zugrunde geht, sondern das ewige Leben hat« (Johannes 3,16). Wir haben jetzt schon göttliches, ewiges Leben in uns, das den Tod überdauert.

Esoterische Strömungen versprechen heute den Menschen, dass sie das Göttliche in sich besitzen. Meditation und spirituelle Praktiken sollen mit dem Göttlichen in uns in Berührung bringen, das uns dann über andere Menschen erhebt. Doch Gott ist immer unverfügbar. Ich kann Gott und das Göttliche nicht besitzen. Nicht ich bin göttlich, sondern göttliches Leben ist mir geschenkt durch die Menschwerdung Gottes in Jesus Christus.

Nur so schützt das Göttliche in jedem Menschen dessen unantastbare Würde.

Benedikt (um 480–547) schreibt, dass wir in jedem Menschen Christus sehen sollen, also den göttlichen Kern. Man könnte sagen: Der innerste Kern in uns ist göttlich. Da ist das ursprüngliche und unverfälschte Bild Gottes in uns. Wir sollen in jedem Menschen dieses göttliche Bild sehen. Oder anders ausgedrückt: In jedem ist etwas Heiliges. Das Heilige ist das, was der Welt entzogen ist, worüber die Welt keine Macht hat. Wir sollen das Heilige in uns schützen, uns nicht total von der Welt vereinnahmen und bestimmen lassen, und ebenso das Heilige im anderen achten. Das bedeutet auch, dass wir nicht in das Innerste des anderen eindringen wollen, sondern das Heilige in ihm schützen. In der Taufe sind wir zu Priestern und Priesterinnen gesalbt worden. Deren Aufgabe ist es, das Heilige zu schützen, in sich selbst und in den Menschen, damit sie nicht von der Gesellschaft bestimmt und kontrolliert werden.

56

Habe ich eine Seele?
Haben Tiere eine Seele?

Bei dem Wort »Seele« müssen wir unterscheiden zwischen dem bildhaften Sprachgebrauch desselben und der philosophischen Aussage darüber. Bildhaft sagen wir: Die oder der ist eine Seele von Mensch. Er oder sie hat eine große Seele. Damit meinen wir, dass sein Herz weit ist, dass sie eine innere Weite hat. Wenn wir uns um die Seele des Menschen kümmern, dann meinen wir damit, dass wir nicht nur äußerlich für ihn sorgen, sondern uns für sein Inneres, sein Denken und Fühlen und seine Sehnsucht interessieren.

Philosophisch sagt man: Die Seele ist die Form des Leibes (*anima est forma corporis*). Leib und Seele sind untrennbar miteinander verbunden. Im Tod wird sich die Seele vom Leib lösen. Nach Platon ist sie unsterblich. Sie wird im Tod zu Gott kommen. Als Christen glauben wir an die Auferstehung des Fleisches. Die Kirchenväter verbinden die platonische Seelenlehre mit der christlichen Botschaft von der Auferstehung des Leibes. Karl Rahner deutet es so, dass sich die Seele nach dem Tod wieder einen Leib bildet, allerdings einen ganz anderen. Paulus spricht vom himmlischen Leib. Mit »Leib« meinen wir die Person des Menschen, die in seinem Antlitz (das griechische Wort für Person heißt: *prosopon* = Antlitz) und in der Stimme (das lateinische Wort *persona* kommt von *personare* = durchtönen) erfahrbar wird.

Wir können also sowohl von der Philosophie als auch von der Theologie her sagen: Ja, ich habe eine Seele. Mir ist etwas zu eigen, das diese Welt übersteigt. Und ich habe eine Seele, die meinen Leib durchdringt und sich in meinem Leib äußert, etwa in meiner Stimme oder in meinem Gesicht. Ich glaube, dass diese Seele nicht sterben wird, dass sie, wie Platon meint, unsterblich ist und den Tod überdauert.

Die Theologie sagt auch, dass Tiere eine Seele haben, eben eine Tierseele. Ihr Körper ist beseelt. Allerdings streiten die Theologen, ob die Seele der Tiere unsterblich ist, ob es für sie so etwas wie einen »Himmel« gibt. Die Frage stellte sich so für die Kirchenväter der frühen Kirche noch nicht, das ist eher eine moderne Entwicklung. Wir können jene Frage nicht mit Gewissheit beantworten. Dass aber auch die Seele der Tiere den körperlichen Tod überdauert, davon können wir ausgehen.

57

Wie gehören Glaube und Erlösung zusammen? Was bedeutet Erlösung? Bin ich erlöst?

Alle Religionen verstehen sich letztlich als Erlösungsreligionen. Erlösung wird dabei jedoch verschieden verstanden. Wir Christen sagen, dass wir durch das geschichtliche Ereignis Jesu, durch seine Geburt, seinen Tod am Kreuz und seine Auferstehung erlöst sind. Buddhisten sind der Überzeugung, dass uns das spirituelle Leben aus dem Rad des Leidens befreit. Christen rechnen den Buddhisten manchmal vor, dass sie eine Art Selbsterlösung vertreten. Doch so einfach kann man das nicht behaupten, denn auch sie glauben, dass »Gott« aus dem Verhaftetsein an das Leiden befreit. Wenn wir Gott in uns Raum geben, dann befreit er uns von der Gier nach immer mehr, werden wir innerlich frei.

Moslems lehnen zwar die Vorstellung ab, dass Jesus für unsere Sünden sterben musste, um uns von der Schuld zu erlösen. Doch »Islam« bedeutet übersetzt »Hingabe«. Und die Hingabe an Gott hat letztlich auch eine erlösende Bedeutung, weil sie vom egoistischen Verhaftetsein an die Gier befreit und von dem Druck, uns vor den Menschen beweisen zu müssen.

Jeder religiöse Glaube hat in irgendeiner Weise mit Erlösung zu tun. Erlösung wird auch in der christlichen Tradition unterschiedlich verstanden. Für die Theologen, die aus der griechisch-philosophisch geprägten Richtung kamen, war Erlösung vor allem Befreiung von der Hinfälligkeit, also Vergöttlichung, Durchdringung des sterblichen Menschen mit göttlichem und ewigem Leben. Für die westlichen Theologen, besonders für Augustinus und dann noch stärker für Martin Luther (1483–1546) war Erlösung vor allem Erlösung von der Schuld. Luther hat das sehr stark an den Tod Jesu am Kreuz gebunden. Die Vergebung der Sünden ist sicher ein wichtiger Aspekt von Erlösung. Aber sie muss nicht unbedingt mit dem Tod Jesu am Kreuz verbunden werden. Der Evangelist Lukas schreibt, dass wir in Jesus die Vergebung der Sünden haben. In der Auferstehung hat Gott Jesus zum Zeugen dafür gemacht. Eine weitere Bedeutung von Erlösung bezieht sich auf die Erfahrung der Sinnlosigkeit des Lebens. Der Mensch leidet an seiner Orientierungslosigkeit, an der Sinnlosigkeit seines Daseins. Jesus erlöst uns als Lehrer der Weisheit, indem er uns einen Sinn im Leben erschließt. Diese Weise der Erlösung finden wir auch im Buddhismus und im Islam wieder. Gott zeigt uns einen Weg, wie wir sinnvoll leben können.

Das Judentum sieht die eigentlich erlösende Tat Gottes im Auszug aus Ägypten. Gott hat sein Volk aus der Sklaverei in die Freiheit des Gelobten Landes geführt. Die Erlösung ist also eine geschichtliche Tat. Aber auch für Juden ist klar, dass die Menschen immer wieder in Gefangenschaft geraten können, wenn sie aufhören, die Gebote Gottes zu erfüllen, die ihnen die Freiheit garantieren, und sich von Götzen versklaven lassen. Christen haben diese befreiende Tat Gottes im Auszug Israels aus Ägypten immer als Bild gesehen für das, was in der Erlösung durch Jesus Christus geschehen ist.

Mensch

Als Christen sehen wir die Erlösung in Jesus Christus auch als geschichtliche Tatsache an. Doch Erlösung für den Einzelnen ist nur möglich, wenn er sich von den Worten Jesu leiten und von seinem Geist durchdringen lässt. So möchte ich zuspitzen, was es für mich heißt, erlöst zu sein: Ich fühle mich erlöst und befreit von falschen Lebensmustern, wenn ich die Worte Jesu meditiere. Ich erfahre die Erlösung, wenn ich die Heilungsgeschichten der Evangelien lese und mir vorstelle, dass Jesus heute an mir genauso handelt. Und ich fühle mich erlöst, wenn ich auf das Kreuz Jesu schaue. Für mich besteht die Erlösung durch das Kreuz darin, dass ich weiß: Jesus hat sich für mich hingegeben, er hat sein Leben für mich aufs Spiel gesetzt. Das erlöst mich von meinen Selbstvorwürfen und von meiner Selbstablehnung. Ich fühle mich bedingungslos angenommen, wenn ich auf das Kreuz schaue. Der Theologe Paul Tillich (1886–1965) drückt dieses Gefühl von Erlösung so aus: Ich, der ich mich als unannehmbar erfahre, fühle mich bedingungslos angenommen und geliebt. Das befreit mich von allem Druck, mir die Gnade Gottes verdienen zu müssen, und von aller Angst, nicht gut genug zu sein und Gottes Willen nicht zu entsprechen.

Bin ich ein Sünder?
Was heißt Sünde?

Das griechische Wort für Sünde, *harmatia*, heißt: das Ziel verfehlen. Sünde bedeutet also, an sich und seiner Wahrheit vorbeizuleben, das Ziel seines Menschseins zu verfehlen. Das deutsche Wort »Sünde« kommt von »sondern«: Wer sündigt, sondert sich ab von der menschlichen Gemeinschaft. Das entspricht durchaus auch unserer Erfahrung. Wenn jemand eine schwere Schuld auf sich lädt, fühlt er sich von der menschlichen Gemeinschaft ausgeschlossen.

Häufig wurde Sünde recht äußerlich verstanden als Übertretung von Geboten. Man hat dann beispielsweise in der Beichte diese konkreten Übertretungen bekannt und darauf vertraut, dass Gott sie vergibt. Die Beichte kann sicher ein guter Weg sein, von seinen Schuldgefühlen frei zu werden. Auch C. G. Jung hat von der Psychologie her durchaus Verständnis für die Beichte. Er meint: Wenn jemand schwere Schuld auf sich lädt, dann braucht er mehr als ein persönliches Wort, er braucht ein Ritual, das bis in die Tiefen des Unbewussten hinein wirkt. Das Ritual der Beichte löst die unbewussten Widerstände gegen die Vergebung auf.

Der Fehler der Kirchen war, dass sie die Menschen vor allem als Sünder angesprochen haben. Sie haben ihnen damit ein schlechtes Gewissen gemacht. Das war eine subtile Form von Machtausübung. Jesus hat die Menschen so genommen, wie sie sind. Er ist ihnen ohne Vorbehalte begegnet. Er hat Zachäus, der bei den Pharisäern als Sünder galt, nicht auf seine »Sünde« hin angesprochen, sondern ihn einfach angenommen. Diese Erfahrung des bedingungslosen Angenommenseins hat ihn verwandelt (vgl. Lukas 19,1ff).

Auch Heilige haben sich als Sünder gefühlt. Und diese Erfahrung gehört wesentlich zu unserer Gotteserfahrung. Je näher wir Gott kommen, desto klarer erkennen wir auch das Dunkle in uns, unsere Schattenseiten, unsere Sünden, dass wir an dem vorbeileben, was wir eigentlich von Gott her sind. Diese Erfahrung soll uns aber nicht mit einem ständigen schlechten Gewissen belasten, sondern in die Demut führen. Demut ist der Mut, in die eigene Menschlichkeit und das Vertrauen hinabzusteigen, dass alles in uns von Gottes Liebe durchdrungen und verwandelt wird. In diesem Sinn kann ich sagen: Ja, ich bin ein Sünder. Aber ich beschuldige mich nicht, sondern ich trete mit meiner ganzen Wahrheit, auch mit meiner Sünde, mit meiner Schuld vor Gott und erfahre, dass seine Liebe mich bedingungslos annimmt.

Das ist eine befreiende Erfahrung. Wer die Sünde leugnet, der muss sich möglicherweise ständig beweisen, steht unter Druck, anderen zu zeigen, wie toll er ist. Er fühlt sich gezwungen, seine Stärken zu präsentieren. Doch C. G. Jung meint, es gehöre zum Wesen der Menschlichkeit, der *humanitas*, über seine Schwächen und Schattenseiten zu sprechen. Das befreit von dem

Zwang, sich wie Gott gebärden zu müssen, unfehlbar und perfekt zu sein.

59) Sind glaubende Menschen immer anständig, hoch moralisch? Ist Glaube nichts anderes als eine heilige, festgelegte Moral?

Glaubende Menschen sind aus sich heraus nicht anständiger als andere Menschen. Sie haben die gleichen Fehler und Schwächen. Aber sie machen sich auf den Weg, sich von Gott verwandeln zu lassen. Sie hoffen darauf, dass Gottes Liebe ihre Schwächen durchdringt und sie in Stärken verwandelt. Glaube und Moral gehören durchaus zusammen. Jesus zeigt das in der Bergpredigt, in deren Mitte wir das Vaterunser (vgl. Matthäus 6,9–13) finden. Das ist so zu verstehen: Zuerst erbitten wir eine spirituelle Erfahrung. Aber dann muss sich diese auch in einem neuen Verhalten ausdrücken. Wenn wir nur bei der spirituellen Erfahrung stehen bleiben, wäre das ein narzisstisches Kreisen um sich selbst. Wenn wir jedoch die Forderungen der Bergpredigt nur moralisch oder ethisch verstehen, dann überfordern sie uns. Als Ausdruck einer spirituellen Erfahrung tun sie uns jedoch gut. Dann verstärken die Forderungen Jesu unsere spirituelle Erfahrung und die Erfüllung dieser Forderungen führt uns in eine immer größere Freiheit und Liebe hinein.

Das Entscheidende des Glaubens ist die spirituelle Erfahrung. Leider hat sich in der Zeit der Aufklärung (ab etwa dem Ende des 17. Jahrhunderts) der Sinn dafür und für die Mystik aufgelöst. Kirche wurde nur noch als moralische Verbesserungsanstalt vom Staat und von der Philosophie der Aufklärung akzeptiert. Es erfolgte eine Reduzierung des Glaubens auf die Moral, und zwar auf eine geschichtlich sehr eingeschränkte Sicht derselben. Moral ist dagegen immer in Bewegung. Die Kirche hat sicher manchmal eine bestimmte Moral als überzeitlich sanktioniert und als Zeichen der Heiligkeit ausgegeben. Heute jedoch brauchen wir die Betonung, dass es im Glauben wesentlich um zweierlei geht: eine Glaubenserfahrung, eine spirituelle Erfahrung und die Verbindung von Erfahrung und Handeln. Benedikt nennt das *ora et labora*, bete und arbeite. Der österreichische Theologe Paul M. Zulehner benennt diese Spannung als die von Mystik und Politik. Heute besteht jedoch die Gefahr, dass wir die Spiritualität total abkoppeln vom Verhalten, von alltäglicher Praxis. Spiritualität wird dann tatsächlich zum narzisstischen Kreisen um sich selbst. Der amerikanische Autor Ken Wilber (geb. 1949) wirft einigen spirituellen Bewegungen in seinem Land vor, dass sie ohne politische und soziale Konsequenzen bleiben. Jesus dagegen will, dass wir durch die Erfahrung der Nähe Gottes auch die Welt in seinem Geist gestalten.

60) Erlöst der eine Gott alle Menschen auf der ganzen Welt, zu allen Zeiten, auch wenn sie nicht an ihn glauben, nichts von ihm hören? Kommen alle in den Himmel?

Jesus ist für alle Menschen gestorben. Seine Liebe gilt also allen, so wie Gott allen die Erlösung anbietet. Sie geschieht jedoch nicht ohne den Willen des Menschen. Man kann zwar sagen, durch das geschichtliche Ereignis des erlösenden Handelns Jesu sind die Voraussetzungen für alle anders geworden. Vor der Entscheidung des Einzelnen gibt es schon das geschichtliche Geschehen einer Liebe, die allen gilt. Aber ob jemand die Erlösung an sich erfährt, das hängt davon ab, ob er sich auf Gott einlässt und seinem Gewissen folgt.

Auch dem, der nicht an Gott glaubt, gilt das Angebot der erlösenden Liebe Gottes. Aber er muss sich darauf einlassen. Natürlich braucht er nicht unbedingt an den christlichen Gott zu glauben. Aber, so sagt das Zweite Vatikanische Konzil (1962–1965), er muss seinem Gewissen folgen. Dann öffnet er sich Gott gegenüber, auch wenn er dieses Geheimnis nicht mit Gott bezeichnet.

Man kann nicht sagen, dass alle automatisch in den Himmel kommen. Auch das Angebot des Himmels muss man annehmen. Es wird einem nicht übergestülpt. Unser Leben würde an Ernst verlieren, wenn wir sagen würden: Es ist ganz gleich, wie du lebst; am Schluss wirst du genauso in den Himmel kommen wie der, der versucht hat, Gottes Weisungen zu folgen. Dagegen steht der Ernst der Botschaft Jesu, die uns mahnt: Lebe bewusst, mach die Augen auf, denn du kannst scheitern. Doch Jesus weckt in uns auch die Hoffnung, dass wir »in den Himmel kommen«, wenn er am Kreuz selbst dem Verbrecher zu seiner rechten Seite das Paradies verheißt (vgl. Lukas 23,43).

Tod | Ewigkeit

Gibt es ein Leben vor der Geburt?
Gibt es ein Leben nach dem Tod?

Der griechische Philosoph Platon verfolgte die Theorie, dass
Gott sich Ideen vom Menschen gemacht hat. Und diese Ideen
existieren schon vor dessen Geburt. Sie inkarnieren sich gleichsam bei der Geburt in einen Menschen. Die christliche Theologie sieht das anders. Sie meint, dass die Seele bei der Zeugung
im Mutterleib geschaffen wird und untrennbar mit dem Leib
verbunden ist, bis sie sich im Tod davon löst. In der christlichen
Theologie werden jedoch auch die Worte des Epheserbriefes be-
dacht: »In ihm (in Jesus Christus) hat Gott uns erwählt vor der
Erschaffung der Welt, damit wir heilig und untadelig sind vor
Gott« (Epheser 1,4). Gott hatte also schon vor der Erschaffung
der Welt eine Idee von uns. Er hat uns vorausgesehen und erwählt. Die christliche Theologie hat daraus aber keine Lehre von
der Präexistenz der Seele entwickelt.

Sie sagt außerdem, dass es ein Leben nach dem Tod gibt. Allerdings ist der Ausdruck unscharf. Es gibt nicht einfach ein ähnliches Leben wie hier auf der Erde, das nach dem Tod folgt. Vielmehr ist der Tod die Vollendung des Menschen. Nach dem Tod
gibt es keine Zeit mehr, sondern nur Ewigkeit. Im Tod wird der
Mensch mit Gott vereint. Und in ihm lebt er ewig weiter. Ewigkeit ist nicht als lange Dauer zu verstehen, sondern als höchste
Präsenz. Der Mensch ist in Gott ganz er selbst geworden und
ganz gegenwärtig. Dann gibt es keine Vergangenheit und Zu-

kunft mehr. Der Mensch ist zwar durch die Vergangenheit geprägt, aber jetzt ganz im Augenblick da.

Viele fragen skeptisch, ob es ein Leben nach dem Tod gibt. Sie haben davon manchmal zu konkrete Vorstellungen, die sie in Folge selbst als unsinnig abtun. Ich halte es mit C. G. Jung. Er sagte einmal: Als Psychologe kann ich nicht *beweisen*, dass es ein Leben nach dem Tod gibt. Aber als Psychologe erkenne ich auch die Weisheit der Seele an. Und die Weisheit der Seele geht davon aus, dass der Tod nicht Ende, sondern Vollendung ist. Als Psychologe weiß ich: Wenn ich gegen die Weisheit der Seele verstoße, auch wenn ich noch so viele rationale Argumente anführe, werde ich ruhelos, rastlos und neurotisch. Es entspricht also der Natur der menschlichen Seele und ihrer Weisheit, daran zu glauben, dass wir im Tod zur Vollendung kommen und auf neue Weise weiterexistieren.

62) Gibt es einen Bereich des Himmels, einen Bereich der Hölle, einen Bereich der Toten?

Was die Theologie Himmel nennt, meint das Einswerden mit Gott. In Gott bin ich im Himmel. Hölle bedeutet: ausgeschlossen sein von Gott. Es gibt nur diese beiden Wege, nicht noch einen extra Bereich der Toten, denn im Tod entscheidet es sich, ob ich in den Himmel komme oder in die Hölle. Dabei dürfen wir uns das nicht als willkürliches Urteil Gottes vorstellen. Wir werden im Tod Gott begegnen als der absoluten Liebe. Angesichts dieser Liebe werden wir aber auch unserer eigenen Wahrheit begegnen und erkennen, dass wir in vielem hinter dem zurückgeblieben sind, was Gott uns zugetraut hat. Das zu erkennen, ist schmerzlich. Früher hat man das mit dem Begriff »Fegefeuer« erklärt. Aber das ist kein Ort und er hat keine Zeit. Die Lateiner sprechen auch nicht von Feuer, sondern von *purgatorium*, was so viel wie Reinigung bedeutet. Die Reinigung der Seele geschieht in der Begegnung mit der Liebe Gottes. Wenn ich mich in diese Liebe hineinfallen lasse, wird all das, was in mir noch befleckt und verhärtet ist und was mein wahres Bild trübt, gereinigt. Dann bin ich in Gott, im Himmel. Nur der, der sich gegenüber dieser Liebe verschließt, schließt sich von der Gemeinschaft mit Gott aus. Das bezeichnet die christliche Tradition mit Hölle. Wir können uns die Hölle nicht vorstellen. Sie zielt auf die Erfahrung, für immer vom Leben ausgeschlossen zu sein.

Christliche Theologie lehrt die Möglichkeit der Hölle und auch Jesus spricht von ihr in seinen Mahnpredigten. Er möchte uns sagen: Lebe bewusst, lebe achtsam, wach auf. Du kannst auch scheitern. Du kannst dich so von dir selbst entfremden, dass du vor verschlossenen Türen stehst. Wir kennen dieses Motiv aus unseren Träumen. Wenn wir träumen, dass wir vor verschlossenen Türen stehen, ist das immer eine Mahnung, mit unserem Inneren in Berührung zu kommen. Sonst kann es sein, dass wir irgendwann keinen Zugang mehr finden. So ist es auch mit der Hölle. Sie ist ein Mahnbild für uns. Es könnte irgendwann zu spät sein umzukehren. Zugleich sollen wir hoffen, dass sich die Menschen angesichts der Liebe Gottes für diese Liebe entscheiden. Keiner kann an seiner Wahrheit vorbei zu Gott kommen. Je mehr ich an meinem Wesen und an Gott vorbeigelebt habe, umso schmerzlicher wird die Begegnung mit Gott und die Reinigung durch seine Liebe sein.

63) Wohnen die Toten irgendwo?
Sind die Toten tot?

Die Toten wohnen nicht irgendwo, nicht an einem Ort, sondern sie sind in Gott, sie sind vereint mit Gott. Die Toten sind tot in dem Sinn, dass sie nicht mehr so weiterleben wie hier auf der Erde. Aber sie sind zugleich lebendig, weil sie in Gott das Leben gefunden haben, das ihre tiefste Sehnsucht nach wahrem Leben erfüllt.

Gibt es das ewige Leben? Was bedeuten Ewigkeit und ewiges Leben für mich?

Es gibt das ewige Leben. Für Jesus ist es eine neue Lebensqualität, die wir hier erfahren dürfen. Er sagt von sich: »Wer mein Wort hört und dem glaubt, der mich gesandt hat, hat das ewige Leben; er kommt nicht ins Gericht, sondern ist aus dem Tod ins Leben hinübergegangen« (Johannes 5,24). Wer an Jesus glaubt, hat schon ewiges Leben in sich. Es ist ein Leben, das bereits jetzt über das Irdische in die Ewigkeit Gottes hineinreicht. Dieses ewige Leben, das wir hier erfahren, wird den Tod überdauern. Es wird im Tod nicht ausgelöscht. Ewigkeit können wir manchmal schon jetzt erfahren, wenn wir ganz im Augenblick sind, wenn wir das Gefühl haben, dass die Zeit stillsteht. Dann erleben wir, dass Zeit und Ewigkeit zusammenfallen.

Ewigkeit bedeutet für mich, jetzt, mitten in der Zeit, teilzuhaben an dem, was die Zeit überdauert. Wenn ich jetzt in Gott bin, bin ich bereits in der Ewigkeit, dann ist schon etwas Ewiges in mir. Berühmt ist die Definition, die der christliche Philosoph Boethius im 6. Jahrhundert vorgelegt hat: Ewigkeit ist »der vollkommene, in einem einzigen, alles umfassenden Jetzt gegebene Besitz grenzenlosen Lebens«. Ewigkeit können wir also hier und jetzt erfahren, wenn wir ganz und gar im Augenblick, wenn wir reines Sein sind.

Wir sprechen auch vom ewigen Leben, das uns nach dem Tod erwartet. Das bedeutet für mich: Ich falle nicht aus der Liebe

Gottes, sondern im Tod wird diese Liebe, in der ich lebe, offenbar. Da erlebe ich mit schauenden Augen das, was ich jetzt in manchen Augenblicken schon erahne: dass alles eins ist, Gott und Mensch, Zeit und Ewigkeit. Der Gedanke an die Ewigkeit will mich nicht vom jetzigen Augenblick wegführen. Ich richte mein Augenmerk nicht nur auf das Jenseits. Vielmehr bedeutet ewiges Leben für mich, dass ich in meiner Gegenwart das ewige Leben erfahre, indem ich ganz im Augenblick bin. Dann ahne ich auch, was mich im Tod erwartet: die reine Präsenz, ganz gegenwärtig sein und ganz in Gott sein.

65) Gibt es irgendwann eine Gerechtigkeit für die vielen Opfer, die über die Geschichte hinausreicht?

Der Philosoph Max Horkheimer hat einen Grundzug von Gerechtigkeit darin gesehen, dass die Täter nicht über ihre Opfer triumphieren dürfen. Hier auf Erden haben wir das Gefühl, dass die Täter dies oft tun, zumindest für eine Zeitlang. Wenn wir an die Zeit des Nationalsozialismus denken, dann haben jene über ihre Opfer triumphiert und sie aufs Äußerste gedemütigt. Jene, die von weltlichen Gerichten bestraft worden sind, mussten ihren Triumph meist teuer bezahlen, entweder mit dem Leben, mit langer Gefängnisstrafe oder zumindest mit innerer Leere und Sinnlosigkeit.

Aber es rührt sich doch das Bedürfnis, dass spätestens im Tod die Gerechtigkeit Gottes für alle Menschen gilt und die Täter nicht mehr über ihre Opfer triumphieren. Es ist ein Urbedürfnis des Menschen, dass es eine ausgleichende Gerechtigkeit gibt. Wenn wir diese hier nicht erleben, dann wird es sie spätestens im Tod geben. Die Bibel spricht vom Gericht, vor das alle Menschen im Tod gestellt werden. Da wird ausgeglichen, was hier auf Erden keinen Ausgleich findet. Von diesem Gericht sagt Psalm 1,5, dass die Frevler dort nicht bestehen werden. In Psalm 78,10 kann man lesen, dass Gott sich »zum Gericht« erhebt, »um allen Gebeugten auf der Erde zu helfen«. Die Bibel kennt das Gericht, das Gott schon hier auf Erden hält. Doch Jesus selbst spricht auch vom Gericht, das uns im Tod erwartet: »Über jedes unnütze Wort, das die Menschen reden, werden sie am Tag des Gerichts Rechenschaft ablegen müssen« (Matthäus 12,36). Und im Buch der Offenbarung heißt es: »Die Toten wurden nach ihren Werken gerichtet« (Offenbarung 20,12).

Erwartet mich am Ende der Zeiten oder am Ende des Lebens ein Gericht?

Die Bibel spricht davon, dass wir im Tod vor dem Gericht Gottes erscheinen müssen. Das erfüllt unsere Sehnsucht nach Gerechtigkeit. Wir dürfen das Gericht Gottes aber nicht als juristischen Spruch über Genügen oder Ungenügen verstehen. Es geht in erster Linie nicht um Verurteilung, sondern um Ausrichten auf Gott hin. Insofern hat das Gericht zwei Funktionen: zum einen, unsere Sehnsucht nach Gerechtigkeit zu erfüllen; zum anderen soll es uns die Hoffnung geben, dass auch die Täter sich im Gericht auf Gott hin ausrichten lassen. Das Gericht ist also ein Hoffnungssymbol für Opfer und Täter. Wenn die Täter einfach ungeschoren in den Himmel kämen, wäre das für die Opfer unerträglich. Wenn sie sich aber im Gericht auf Gott hin ausrichten lassen, dann wird es möglich, dass Opfer und Täter in Gott zusammenleben können, oder besser gesagt: in Gott eins werden. Auch die Opfer müssen auf Gott hin ausgerichtet werden. Manchmal erzählen mir Menschen: »Ich möchte gerne in den Himmel kommen, aber den oder jenen möchte ich da nicht treffen.« Das zeigt, dass sie noch zu sehr in ihren Vorurteilen und Aggressionen anderen Menschen gegenüber verhaftet sind. Das Gericht bietet die Chance, dass sich alle Menschen auf Gott hin ausrichten lassen. Je verkehrter wir gelebt haben, desto schmerzlicher wird das sein. Aber natürlich gibt es hier keine Garantie, dass alle in den Himmel kommen. Jesus spricht auch von der Möglichkeit, sich dem Gericht zu entziehen. Dann richten sich die Menschen selbst. Sie sind schon gerichtet, aber nicht im Sinn von Ausgerichtet-Sein auf Gott hin, sondern sie haben sich selbst verurteilt und sich nicht nur vom Gericht, sondern auch vom ewigen Leben ausgeschlossen.

Praxis

67 Unterscheidet sich der Alltag eines gläubigen Menschen von dem eines nicht glaubenden Menschen? Gibt es einen christlichen »Sonderweg« in der Praxis?

Der Alltag gläubiger Menschen unterscheidet sich durchaus vom Alltag nicht glaubender Menschen. Viele von ihnen fangen den Tag mit einem Ritual an, entweder mit einem Gebet, einer kurzen Bibellesung oder mit einem Segen. Sie stellen den Tag bewusst unter den Segen Gottes und beschließen den Tag auch mit einem Gebet. Die Arbeit selbst und die Tätigkeiten des Alltags sind die gleichen wie bei einem nicht glaubenden Menschen. Aber der Glaube spielt trotzdem auch hier ständig eine Rolle, weil die Art und Weise, wie ich anderen begegne, von meinem Glauben abhängt. Denn der Glaube an Gott drückt sich auch im Glauben an den Menschen aus. Ich versuche, in jedem das Gute zu sehen und ihn nicht auf seine äußere Fassade festzulegen.

Der christliche »Sonderweg« ist geprägt von den christlichen Ritualen, mit denen ich den Tag beginne und beschließe. Und er ist ausgezeichnet durch die Gestaltung des Jahreskreises, der durch die Feste des Kirchenjahres eine eigene Struktur bekommt. Der Sonntag ist für Christinnen und Christen ein besonderer Tag, an dem sie sich Zeit nehmen, den Gottesdienst zu besuchen. Insofern unterscheidet sich das konkrete Leben eines Gläubigen idealerweise durchaus von dem eines Nichtgläubigen.

Aber es geht nicht nur um die äußeren Formen des spirituellen Lebens. Es geht auch um eine innere Gesinnung. Christen versuchen, Menschen im Geist Jesu anzunehmen, in jedem Christus zu sehen und seine Würde zu achten. Diese innere Einstellung zu den Menschen und zur Schöpfung, in der man Gottes Geist gegenwärtig wahrnimmt, macht Christen eigentlich aus und unterscheidet sie von anderen Menschen. Christinnen und Christen sind bestrebt, immer mehr für den Geist Jesu durchlässig zu werden und diesen auch auszustrahlen, um unsere Welt mit ihm zu durchdringen und zu verwandeln.

68 Gibt es ein christliches Lebensprofil mit bestimmten Grundhaltungen? Kann man immerzu lieben?

Paulus hat im 1. Korintherbrief drei Grundhaltungen des Christen beschrieben: Glaube, Hoffnung und Liebe. Der Christ lebt diese Haltungen nicht von vorne herein. Aber er sollte sich darum bemühen, sie zu verwirklichen. Das bedeutet im Einzelnen: Er versucht, nicht nur an Gott, sondern auch an den Menschen zu *glauben*. Er geht also mit einer vertrauensvollen Haltung in sein Leben, an seine Arbeit, in die Begegnungen mit Mitmenschen.

Hoffnung ist etwas anderes als Erwartung. Erwartung ist an bestimmte Vorstellungen gebunden. Hoffnung bezieht sich auf das, was wir nicht sehen. Hoffnung meint zudem immer eine persönliche Beziehung zu anderen Menschen. Der französische Philosoph Gabriel Marcel (1889–1973) meint, das Wesen der Hoffnung sei: Ich hoffe auf dich und ich hoffe für dich. Das prägt gerade mein persönliches Leben, meinen Umgang mit mir selbst. Ich hoffe darauf, dass mein Leben gelingt, auch wenn ich durch Krankheit oder Scheitern aus der Bahn geworfen werde. Ich versuche, eine Sprache der Hoffnung zu sprechen und nicht schwarzzumalen. Der 1. Petrusbrief sieht in der Hoffnung der Christen eine zentrale Haltung, die sie in der damaligen Gesellschaft kenntlich macht. So fordert er die Christen auf: »Seid stets bereit, jedem Rede und Antwort zu stehen, der nach der Hoffnung fragt, die euch erfüllt; aber antwortet bescheiden und ehrfürchtig, denn ihr habt ein reines Gewissen« (1 Petrus 3,15f). Offensichtlich war die Hoffnung, die die Christen beseelte, für die Menschen damals etwas, was sie neugierig machte. Die Christen sollen jedoch mit ihrer Hoffnung nicht angeben, sondern bescheiden darüber sprechen.

Die dritte Haltung ist die *Liebe*. Damit ist die Liebe zu Gott gemeint, die Liebe zum Nächsten und zu sich selbst. Und es ist die Liebe als eine Quelle angesprochen, die in uns strömt, aus der wir immer wieder schöpfen können. Die Liebe gibt dem Leben einen neuen Geschmack. Jesus fordert seine Jünger immer wieder auf, den Nächsten, ja sogar den Feind zu lieben. Das erscheint manchen als eine Überforderung. Aber Jesus traut der Liebe zu, dass sie die Gräben zwischen den verfeindeten Gruppen in der Gesellschaft überwindet. Und er traut der Liebe eine verwandelnde Kraft zu. Den Feind zu hassen, führt nur zu einem ständigen Krieg. Den Feind zu lieben bedeutet erst einmal, den anderen nicht als Feind zu sehen, sondern als einen Menschen, der mit sich selbst im Zwiespalt ist und es daher nötig hat, seine abgespaltenen Persönlichkeitsteile auf andere zu projizieren. Die Liebe traut dem anderen zu, dass er in Einklang kommt mit sich selbst. Dann braucht er diese Feindschaft nicht mehr.

Von der Psychologie her wissen wir, dass der Mensch immer beide Pole in sich hat: Liebe und Aggression. Reife Liebe ist nicht naiv. Sie lässt sich nicht ausnutzen. Sie braucht immer auch die

Aggression, die uns zeigt, wo wir uns abgrenzen und schützen müssen vor Menschen, die unsere Grenzen gerne überschreiten möchten. Wir brauchen ein gutes Gleichgewicht zwischen Liebe und Aggression. Aber wir sind nicht Gott, der immer liebt. Um lieben zu können, müssen wir auch für uns selbst sorgen, müssen wir auch uns selbst lieben. Und das geschieht, indem wir uns abgrenzen gegenüber Menschen, die uns nicht guttun.

69 Wie geht Beten? Hört mir Gott zu?

Viele Menschen tun sich heute schwer mit dem Beten. Sie wissen nicht, was sie Gott sagen sollen und zweifeln daran, dass er ihnen zuhört. Gebet ist nicht nur Dialog mit Gott. Für mich ist Gebet Begegnung mit ihm. Das bedeutet, dass ich mir Zeit nehme, mich vor Gott hinzusetzen und ihm alles, was in mir auftaucht, hinzuhalten. Das kann ich mit Worten tun oder auch schweigend, indem ich Gott einfach meine Gedanken und Gefühle, all die verdrängten Leidenschaften, die in mir hochkommen, hinhalte und mir vorstelle, dass seine Liebe alles durchdringt und verwandelt. Dann spüre ich, dass das Gebet mir guttut.

Ich vertraue darauf, dass Gott mir zuhört. Aber ich sollte ihn im Gebet nicht »zutexten«, sondern vielmehr auch vor ihm schweigen, damit ich auf seine Antwort hören kann. Natürlich reagiert Gott nicht einfach in der Weise, wie das ein Gesprächspartner tun würde. Aber wenn ich ihm alles hinhalte oder auch ausspreche, was in mir ist, dann tauchen in mir Gedanken auf. Ich kann sagen, die Gedanken steigen aus dem Unbewussten auf. Das ist eine psychologische Erklärung. Aber warum mir gerade diese Gedanken kommen, das kann ich nicht erklären. Da darf ich darauf vertrauen, dass sie möglicherweise von Gott kommen. Die Mönche haben vier Kriterien aufgestellt, um diese Überlegungen zu erleichtern und zu entscheiden, ob die Gedanken wirklich von Gott kommen oder von den »Dämonen« – wir würden heute vielleicht eher sagen: vom Über-Ich. Gedanken, die von Gott kommen, bewirken in mir Lebendigkeit, Freiheit, Frieden und Liebe. Gedanken, die von den »Dämonen« kommen, bewirken dagegen Angst, Enge, Überforderung, Verkrampfung.

Wenn es mir schwerfällt zu beten, selbst Worte zu finden oder mich schweigend vor Gott zu setzen, um auf ihn zu hören, dann kann ich auch vorformulierte Gebete zur Hilfe nehmen. Ich kann ganz langsam das Vaterunser (vgl. Matthäus 6,9ff) sprechen, das uns Jesus als Gebet empfohlen hat. Ich kann mir überlegen: Was kommt in diesen Worten in mir zum Schwingen? Ich kann mir zudem vorstellen, dass meine Eltern und Großeltern und alle Christen seit fast zweitausend Jahren dieses Gebet gesprochen haben. Es ist gleichsam angereichert durch die Glaubenserfahrungen all dieser Menschen. So kann ich im Beten des Vaterunsers die Verbindung mit den Menschen spüren, die ich gekannt habe und von denen ich glaube, dass sie jetzt bei Gott sind.

Ich kann mir auch einen Psalm aus dem Alten Testament auswählen und ihn laut sprechen. Die Psalmen sind Gedichte, die es mir ermöglichen, meine eigenen Erfahrungen zum Ausdruck zu bringen. Durch die fremden Worte komme ich in Berührung mit eigenen Gedanken und Gefühlen, die ich vielleicht bisher verdrängt habe. Es kann aber auch sein, dass ich manche Psalmen gar nicht verstehe, dass sie mir fremd bleiben. In so einer Situation kann ich mich einfach fragen: Was bewegt mich eigentlich? Was möchte ich Gott eigentlich sagen? Was ist meine Wahrheit, die ich Gott hinhalten möchte? Was ist meine tiefste Sehnsucht, die mir Gott erfüllen möge?

Was versteht man unter Gottesdienst? Braucht Gott so etwas?

Wenn wir von Gottesdienst sprechen, dann meinen wir normalerweise die sonntägliche (Eucharistie-)Feier. Aber von Gottesdienst sprechen wir auch, wenn Mönche zum Beispiel das Abend-
lob singen oder wenn in einer Gemeinde eine Andacht oder ein
Wortgottesdienst gehalten wird. Die lateinische Tradition spricht
vom *opus Dei*. Man könnte das als »Werk für Gott« übersetzen
oder aber auch als »Werk, das Gott an uns tut«. Gott braucht unseren Gottesdienst nicht. Aber uns tut es gut, aus dem Getriebe
des Alltags auszusteigen und im Gottesdienst in eine andere Welt
einzutauchen: in eine Welt des Gebetes, der Rituale, der Stille,
in der ich Texte der Bibel höre und mich von deren Auslegung
für mein eigenes Leben anregen lasse.

Der Gottesdienst ist etwas Zweckfreies. Und gerade das tut dem
Menschen gut, dass er sich diese eine Stunde am Sonntag gönnt,
um in eine andere Welt einzutreten, in der es nicht um Leistung
und Forderung geht, sondern darum, innerlich berührt zu werden von Gottes Wort, von der Stille. Ich hoffe, dass ich im Emp-
fang von Brot und Wein, der Kommunion, mit Gott, mit Jesus
und mit mir eins werde, mit meinem wahren Selbst. Insofern ist
der Gottesdienst ein Dienst Gottes an uns und nicht umgekehrt
unser Dienst an Gott.

71) Was bedeutet die Taufe?
   Wird man da ein anderer Mensch?

Für die frühen Christen war die Taufe eine tiefe Erfahrung von
Neuwerden, von Herausgerissenwerden aus einer verdorbenen
Welt, die Erfahrung, vom Geist Gottes durchdrungen zu werden. Damals bedeutete getauft zu werden auch noch, als Erwachsener unterzutauchen und reingewaschen zu werden von allem,
was das ursprüngliche Bild Gottes trübt, und als neuer Mensch
aus dem Wasser zu steigen. Dieser »neue Mensch« wurde dann
mit einem weißen Gewand bekleidet. Zur Taufe gehörte auch
die Absage an die alte Lebensweise, an all das Böse, das Menschen oft genug bestimmen möchte.

Die Frage ist, was für uns heute die Taufe bedeutet. Wir taufen
meistens (Klein-)Kinder, die gar nicht mitbekommen, was an
ihnen geschieht. Die Taufe spielt dann vor allem für Eltern und
Verwandte eine Rolle. In der Taufe wird durch verschiedene Riten deutlich, wer dieses Kind eigentlich ist: Es ist nicht nur Kind
der Eltern, sondern Kind Gottes, von Gottes Geist durchdrungen. Es ist geschützt von Gottes heilender Liebe. Das wird durch
die erste Salbung mit Katechumenenöl ausgedrückt, die für die
heilende Kraft des Öls steht. Das Kind wird mit Wasser über-
gossen, damit es frei wird von den Projektionen, die wir auf es
werfen und mit denen wir oft sein ursprüngliches Bild trüben.
Das Kind wird dann mit Chrisam zum König und zur Königin
gesalbt. Chrisamöl steht für die Stärkung und Befähigung eines

Menschen. Wir betnonen mit der Salbung zum König die Würde des Kindes und den Wunsch, dass es frei ist und nicht beherrscht wird von Bedürfnissen oder Erwartungen. Es wird auch zum Priester und zur Priesterin gesalbt, zum Hüter des Heiligen in sich und in den Menschen. Und es wird zum Propheten und zur Prophetin gesalbt, das bedeutet: Wir glauben, dass das Kind in seiner Einmaligkeit etwas von Gott verkörpert, das nur durch dieses Kind zum Ausdruck kommen kann. Es wird sodann mit einem weißen Gewand bekleidet, um auszudrücken, dass es Christus angezogen hat, mit Christus zusammengewachsen ist, dass es etwas von Christi Glanz in diese Welt bringt. Und wir übergeben ihm eine brennende Kerze mit dem Wunsch, dass es Licht und Wärme bringt in das Leben vieler Menschen.

Die Frage, die wir uns stellen können, lautet: Drückt die Taufe nur aus, was das Wesen des Kindes ist? Oder wird das Kind durch die Taufe ein neuer Mensch? Die Tradition meint, dass das Kind durch die Taufe neu geboren wird, also ein neuer Mensch wird. Wir dürfen heute in dieser Linie die Frage als rational denkende Menschen so beantworten, dass durch die Taufe zum Ausdruck kommt, wer das Kind ist. Indem wir das in den Ritualen der Taufe vollziehen, gehen wir anders mit dem Kind und seiner Würde um. Wenn wir uns als Erwachsene an unsere Taufe erinnern lassen, dann werden diese Bilder unsere Selbstwahrnehmung verwandeln. Insofern können wir durchaus sagen, dass wir durch die Taufe zu neuen Menschen werden, denn wir lassen durch Erinnern und Erleben der Taufe die alten Bilder von uns los und kommen in Berührung mit jenen, die unser wahres Wesen ausdrücken. Wie wir uns erleben, das hängt eben von den Bildern ab, die sich in uns einsenken und entfalten. Insofern machen uns die Bilder der Taufe zu neuen Menschen.

Was ist Frömmigkeit?
Was ist Spiritualität?

Früher hat man von Frömmigkeit gesprochen, heute eher von Spiritualität. Spiritualität bedeutet: aus dem Geist leben. Christen meinen damit: aus dem Heiligen Geist leben, sich vom Heiligen Geist durchdringen und verwandeln lassen. Sie verstehen unter Spiritualität zudem eine bestimmte Gestaltung des Lebens, geprägt etwa durch Meditation und Gebet, durch Nachdenken über das, was sie im Tiefsten bewegt.

Mit Frömmigkeit hat man früher die fromme Beziehung zu Gott bezeichnet, also eine innere Haltung Gott gegenüber. Sie drückte sich im Gebet und im Respekt vor Gott aus. Frömmigkeit meint: sich Gott hingeben, sich für ihn öffnen und ihm danken für alles, was er uns geschenkt hat. Das deutsche Wort »fromm« kommt vom althochdeutschen Begriff »*fruma*«, der »Nutzen« bedeutet. Der fromme Mensch ist also einer, der vor Gott ein gutes Leben führt, das auch für andere zum Segen wird. Seit der Romantik, einer Strömung des frühen 19. Jahrhunderts, meint »fromm« eher ein religiöses *Gefühl*.

Der Begriff der Spiritualität ist weiter. Allerdings wird das Wort heute oft in einem sehr vagen Sinn gebraucht. Man spricht dann auch von »Spiritualität ohne Religion« oder von »Spiritualität ohne Gott«. Die Esoterik nutzt diesen Begriff ebenfalls für ihre verschiedenen Praktiken und Haltungen. Spiritualität bedeutet dann die Offenheit für das Geheimnis, das uns übersteigt, oder die Beschäftigung mit spirituellen Themen wie Achtsamkeit, Meditation, Schweigen.

Kirche

73

Gehört zum christlichen Glauben notwendigerweise die Kirche? Wer oder was definiert Kirchlichkeit? Kann ich auch ohne Kirche glauben?

Für die frühen Christen war Kirche ein Wesensbestandteil des Glaubens. Sie war die Gemeinschaft der Glaubenden. Die Kirche als das Miteinander von Juden und Griechen, von Männern und Frauen, von Alt und Jung, von Arm und Reich war für die ersten Christen ein Zeichen dafür, dass das Reich Gottes gekommen ist. Damals verstand man sie weniger als eine Institution sondern vielmehr als eine spirituelle Erfahrung des Miteinanders. Man betete gemeinsam im Tempel. Man kam in den Häusern zusammen, brach das Brot und feierte so das Gedächtnis von Tod und Auferstehung Jesu. Die Zusammenkunft war ein wesentlicher Ort geistlicher Erfahrung und zugleich ein Ort, an dem der Glaube gelebt und erlebt wurde.

Kirchlichkeit bedeutet heute, dass ich meinen Glauben auch in Gemeinschaft lebe, dass ich etwa die Feste gemeinsam mit der Kirche feiere. An Weihnachten haben viele Christen zumindest in underen Breiten noch das Bedürfnis, das Fest gemeinsam in einer Kirche und damit mit der Kirche zu feiern. Auch Ostern braucht Gemeinschaft, um es spürbar erleben zu können. Kirchlichkeit bedeutet vor allem, dass ich in meinem Glauben angewiesen bin auf andere, dass ich die Stütze anderer Glaubender brauche, um meinen Glauben in einer oft säkularisierten Welt leben zu können.

Natürlich kann ich auch ohne Kirche glauben, denn der Glaube ist eine persönliche Entscheidung für Gott. Dennoch sind wir soziale Wesen. Wir brauchen für unsere Überzeugungen andere Menschen, mit denen wir darüber sprechen, mit denen wir unsere Überzeugungen teilen können. Das gilt auch für den Glauben. Wenn dieser sich nur auf die Gesinnung beschränkt, ist er in Gefahr zu verblassen. Wir brauchen den Austausch über unseren Glauben. Und wir brauchen gemeinsame Feiern, die den Glauben stärken. Wenn der Glaube nur persönliche Gesinnung bleibt, verliert er seine die Welt gestaltende Kraft. Der Glaube vieler Menschen schafft eine eigene Kultur. Und diese Kultur des Glaubens prägt die Gesellschaft. Wenn die Glaubenden ihren Glauben gemeinsam bezeugen, dann ist das eine Wirklichkeit, die die Gesellschaft nicht übersehen kann. Die Glaubenden halten in der immer profaner werdenden Gesellschaft den Himmel offen. So werden sie – wie Jesus das in einem Bild ausdrückt – zum Sauerteig der Hoffnung für unsere Gesellschaft.

Das Zweite Vatikanische Konzil (1962–1965) hat die Kirche mit Blick auf den Hebräerbrief des Neuen Testaments als »wanderndes Gottesvolk« beschrieben: Wir wandern gemeinsam, tauschen uns miteinander aus. Aber wir wandern zugleich mit den vielen Menschen, die unterwegs sind, auch mit den Nichtglaubenden. Wir brauchen andere, die mit uns wandern, die uns stützen, wenn wir müde werden auf unserem Weg, die uns den Weg weisen, wenn wir nicht weiter wissen, und die uns begleiten, damit wir gemeinsam das Ziel erreichen. Das ist letztlich der Sinn der Kirche. Sie ist nicht in erster Linie Institution, sondern Glaubensgemeinschaft all derer, die sich gemeinsam auf den christlichen Weg gemacht haben.

74

Warum gibt es so viele Kirchen?

Schon in der frühen Kirche gab es Streit, beispielsweise um die richtige theologische Deutung der Bibel oder der Menschwerdung Gottes in Jesus Christus. Damit wuchs das Streben nach einem gemeinsamen Fundament des Glaubens, auf das alle sich einigen können. Das gelang zum Beispiel mit dem Glaubensbekenntnis, das auf dem Konzil von Nizäa (325) und dann später auf dem Konzil von Konstantinopel (381) formuliert wurde und heute noch am Sonntag in jeder Eucharistiefeier gebetet oder gesungen wird.

Die Spaltungen in der einen Kirche haben sich einmal durch verschiedene theologische Deutungen entwickelt, zum anderen durch politische Interessen. So war es beispielsweise bei der Spaltung in eine Ost- und Westkirche (1054). Vordergründig ging es um eine Formulierung im Glaubensbekenntnis – ob der Heilige Geist nur vom Vater oder vom Vater und vom Sohn ausgeht. Dahinter lag jedoch ein Machtkonflikt zwischen dem weströmischen und dem oströmischen Kaiser. Ähnlich war es zur Zeit der Reformation im 16. Jahrhundert. Es wurde zwar tatsächlich eine Reform des Glaubens eingefordert, der in manchen Bereichen damals sehr äußerlich gelebt wurde, zum Beispiel im Ablasshandel, bei dem man Gnade entweder durch Bußwerke oder durch Zahlungen erwerben konnte. Der Glaube wurde vermaterialisiert. Daneben wirkten aber ernsthafte politische Interessen. Die Fürsten im Deutschen Reich nahmen die Reformation als Gelegenheit wahr, sich vom Papst in Rom zu trennen, der immer größere Forderungen an sie stellte. Später entstanden vor allem im protestantischen Bereich weitere Kirchen und Glaubensgemeinschaften, weil es immer wieder Reformatoren gab, die sich gegen eine Verweltlichung der Kirche und für eine reinere Theologie einsetzten.

Heute spüren wir, dass die Spaltung in viele Kirchen ein Ärgernis für die Christen, aber auch für das christliche Zeugnis in der Welt ist. Daher gibt es seit etwa einhundert Jahren ernsthafte ökumenische Bestrebungen, die Kirchen wieder näher zusammenzubringen. Es ist eine Illusion, alle Christen zu einer einzigen Kirche vereinigen zu wollen. Aber man sollte bei aller Verschiedenheit die Einheit betonen und gemeinsam für den christlichen Glauben Zeugnis ablegen in dieser Welt. Es haben sich über die Jahrhunderte verschiedene christliche Formen von Theologie, Spiritualität und Gottesdienst herausgebildet. Diese Traditionen sind ein Reichtum. Aber sie sollten eben nicht gegeneinander, sondern miteinander gelebt werden.

Sprechen die Schandtaten der Kirchen nicht gegen den Glauben?

Die Kirchen sind Gemeinschaften von Menschen. Und überall, wo man zusammenlebt, macht man die Erfahrung menschlicher Schwächen und zugleich von Machtgebrauch. Aber die Schandtaten der Kirchen sind nicht nur von einzelnen Menschen begangen worden. Offensichtlich erleichtern religiöse Strukturen im Allgemeinen die Möglichkeit, im Namen Gottes menschliche Macht in destruktiver Weise auszuagieren. Die Lateiner sagen: »*corruptio optimi pessima*«, »Wenn das Beste verdorben wird, ist es ganz schlimm«. Wenn politische und persönliche Macht religiös überhöht wird, dann wird man blind für das Böse, das im Namen des Guten vollbracht wird. Menschen meinen dann, den Willen Gottes als Täter und tragischerweise manchmal auch als Opfer zu erfüllen. Religionen stehen offensichtlich in der Gefahr zu verblenden. Und dann wird das Böse, das der Mensch in religiöser Verblendung anderen antut, besonders schlimm.

In der Kirche sehen wir, dass Glaube und Glaubensverbreitung oft mit der Durchsetzung von Macht verbunden wurde. So geschah es beispielsweise in der gewaltsamen Sachsenmission (772–804) unter Karl dem Großen und in der lateinamerikanischen Mission ab dem 16. Jahrhundert. Zwar gab es durchaus viele Missionare, die ehrlichen Herzens den Glauben vermittelten und andere in ihrem Menschsein förderten. Aber wir treffen eben auch auf spanische und portugiesische Machthaber, die die Mission für ihre eigenen politischen Zwecke nutzten und damit verfälschten. Kirchliche Potentaten spielten dieses Spiel um Einfluss- und Machtbereiche kräftig mit. Ähnliches gilt für die Kreuzzüge (11.–13. Jhd.), die anfangs durchaus ein spirituelles Ziel hatten, sich jedoch zunehmend mit Machtbedürfnissen Einzelner und verschiedener Gruppen vermischten und unsägliches Elend über die Menschen brachten. Wir wissen um die unseligen Hexenverfolgungen ab der frühen Neuzeit, die aus Angst vor der Frau und vor dem Dämonischen in Gang gesetzt wurden und vielen Frauen unermessliches Leid bereitet und den Tod gebracht haben. In den Hexenprozessen sieht man deutlich, wie religiöse Verblendung zu menschlicher Grausamkeit führt. Die Inquisitoren meinten, im Namen Gottes zu handeln. Deshalb war ihr Handeln besonders verwerflich.

Wir sollten als Kirche diese Schandtaten nicht verdrängen, sondern sie in aller Demut bekennen. Zugleich sollten wir als Ermutigung im Widerstand gegen ähnliche Verbrechen auch sehen, dass zu jeder Zeit wahrhafte Christen tapfer aufgestanden sind und für Gerechtigkeit gekämpft haben. Das war beispielsweise in Lateinamerika so, wo sich viele Jesuitenmissionare für die Indios und ihre Kultur einsetzten. Das war zur Zeit der Hexenprozesse so, als der Jesuit Friedrich von Spee (1591–1635) seine Stimme dagegen erhoben hat. Viele Heilige haben ebenfalls jeweils die Nöte ihrer Zeit gesehen und sich für die Armen und Kranken in vorbildlicher Weise eingesetzt.

Die Schandtaten der Kirche sprechen genau betrachtet nicht gegen den Glauben. Aber sie machen uns deutlich, wie leicht der Glaube verfälscht werden kann. Daher sollen sie uns wachsam machen für solche Entwicklungen. Auch heute gibt es fundamentalistische Kreise im Christentum, die nicht vor Gewalt zurückschrecken. Daher braucht es Achtsamkeit und Klarheit, damit der Glaube nicht mit anderen Bedürfnissen vermischt wird, etwa mit denen nach Macht, nach Rechthaberei oder mit der Angst vor dem Dunklen, das man dann gerne auf die anderen projiziert, weil man nicht bereit ist, es im eigenen Herzen zu sehen und es von Gott verwandeln zu lassen. Menschen, die andere verteufeln, haben oft Angst vor dem Teufel im eigenen Herzen.

In den letzten Jahren wurden und werden die vielen sexuellen Missbrauchsfälle in der Kirche aufgedeckt. Diese Erschütterung erreicht viele Menschen weltweit und zunehmend auch die kirchlichen Institutionen. Viele zweifeln an der Kirche. Die Untersuchungen zeigen, dass nicht nur Verfehlungen einzelner Priester zu beklagen sind, sondern dass das kirchliche System, das Kleriker in einen Sonderstatus versetzt, dazu führt, dass der Schutz der Täter für die Kirche wichtiger ist als die Sorge für die Opfer. Oft wurden Menschen, die Priestern Vertrauen entgegenbrachten, Opfer sexuellen Missbrauchs. Sie, die sich im Vertrauen geöffnet haben, wurden durch Missbrauch traumatisiert. Die Kirche muss sich dieser Wahrheit stellen und sich fragen, wie ihr eigenes System dazu beigetragen hat, dass Missbrauch in einem solchen Ausmaß möglich wurde. Auch hier spielt die Verknüpfung von Macht mit religiöser beziehungsweise pädagogischer Autorität eine entscheidende Rolle.

Die Kirche kann mit der Verkündigung ihrer Botschaft nur dann wieder glaubhaft werden, wenn sie sich in aller Ehrlichkeit und mit echtem Reformwillen dem Unrecht stellt, das durch ihre Mitglieder begangen wurde. Sie sollte sensibel werden, wo sie mit einem hohen moralischen Anspruch auftritt, an den sie sich selbst nicht halten kann. Demut und Ehrlichkeit müssen die Verkündigung des Glaubens daher prägen. Offensichtlich besteht die grundsätzliche Gefahr, dass Menschen gerade durch religiöse Verkündigung andere in ihren Bann ziehen und sie dann für ihre Bedürfnisse ausnutzen. Die Demut als der Mut, sich den Abgründen der eigenen Seele zu stellen und die Gefahren in einem hierarchischen System aufzudecken, ist die Bedingung dafür, dass die Kirche mit der Verkündigung des Glaubens die Herzen der Menschen erreicht und dass wir selbst mit Freude ein gutes Leben aus dem Glauben führen.

Geschmack auf das große Geheimnis

Während ich die Antworten auf die Fragen geschrieben habe, die mir Winfried Nonhoff gestellt hat, schaute ich dankbar zurück auf die 75 Jahre, die ich von Anfang an aus dem Glauben heraus gelebt habe. Meine Eltern haben uns sieben Kinder wie selbstverständlich in den Glauben und in die Liturgie eingeführt. Der Besuch des Gottesdienstes am Sonntag und oft auch am Werktag war für uns keine lästige Pflicht. Schon als Kind habe ich das Numinose in den Gottesdiensten gespürt. Die Liturgien etwa des Karfreitags oder der Osternacht haben mich früh fasziniert, ebenso der nächtliche Gottesdienst an Weihnachten. Unser Leben war geprägt von den Festen des Kirchenjahres. Diese haben dem Jahr Schönheit verliehen. Da gab es nicht das Einerlei, das jede Zeit gleich erscheinen ließ. Wir lebten immer wieder in der Erwartung der Feste, an denen der Glanz der Liturgie unser Leben erhellte.

Ich bin mir bewusst, dass viele Leser und Leserinnen einen anderen oder einen verschütteten Zugang zum Glauben haben, dass ihnen der Glaube häufig verstellt worden ist durch menschliche Unzulänglichkeiten, die sie in der Kirche erfahren haben.

Das Glaubensgebäude mit all den dogmatischen und moralischen Aussagen ist ihnen entweder fremd oder von vornherein unzugänglich geworden. Oft haben sie Deutungen des Glaubens erlebt, die eher bedrückten oder Angst machten. Daher ist es mir wichtig, aus der Erfahrung des Glaubens, die ich machen durfte, einen Glauben vorzustellen, der in Freiheit und Lebendigkeit führt, der aber auch offen ist für das Geheimnis. Ja, es ist mir wichtig, die Schönheit des Glaubens lebendig werden zu lassen. Ein antiker Philosoph nannte Gott das Urschöne. Als er die Welt erschaffen hatte, sah er, dass alles sehr »schön« war. So übersetzten die Griechen diese Stelle aus dem Schöpfungsbericht der Genesis im Alten Testament. Der Glaube will unsere Augen – trotz aller Erschütterungen – öffnen für das Schöne in dieser Welt. Denn in all dem Schönen schauen wir Gottes Schönheit. Schönheit ist immer etwas Heilendes und Befreiendes, das unserer Seele guttut. Für mich bleibt es ein zentrales Anliegen, dass Leser und Leserinnen spüren, dass uns der Glaube guttut. Allerdings bestätigt der Glaube nicht unbedingt unsere Auffassungen vom Leben, unsere Maßstäbe und unsere Bedürfnisse. Er stellt sie auch in Frage. Gerade darin bietet er uns eine Sicht des Lebens an, die heilsam ist für uns und uns tatsächlich guttut, weil sie unserer inneren Wahrheit entspricht.

Der Glaube wirkt aber auch über unser persönliches Leben hinaus. Wenn wir beispielsweise durch Städte und Dörfer in Europa gehen, spüren wir, wie tief der christliche Glaube deren Gestaltung geprägt hat. Ohne Kirchen wären die Städte merkwürdig leer. Sie hätten kein Herz. Kirchen öffnen in jeder

Stadt den Himmel über den Menschen. Und die Schönheit der Kirchen, die Menschen oft vor mehr als tausend Jahren erbaut haben, erfreut uns heute noch. Wenn der christliche Glaube also »verdunstet«, wie es in manchen Gegenden Europas zu sein scheint, dann bedeutet das nicht nur einen individuellen Verlust, sondern auch einen kulturellen. Selbst wenn heute die Gottesdienste am Sonntag weniger besucht sind, so gehören das Weihnachtsoratorium oder die Matthäuspassion von Bach weiterhin zum Kulturerbe des Glaubens. Sie berühren auch heute noch Menschen in ihrem Herzen. Da spürt man exemplarisch, wie ein Verlust solcher Musik, die durch Glauben entstanden ist und Glauben ausdrückt, unser Leben kälter und ärmer machen würde. Und so sehe ich das auch ganz allgemein, wenn die Kraft des Glaubens im eigenen und gesellschaftlichen Alltag schwächer wird.

Der russische Dichter Fjodor Dostojewski sagte einmal, er müsse wenigstens einmal im Jahr die Schönheit der Sixtinischen Madonna des Malers Raffael betrachten, um sein schweres Leben bewältigen zu können. Wie arm wäre unsere Welt, wenn wir nicht die Schönheit der Madonnendarstellungen, die Schönheit in den Bildern eines Fra Angelico, eines Martin Schongauer, eines Matthias Grünewald, eines Albrecht Dürer bewundern könnten! Kunst war von Anfang an religiösen Ursprungs. So hat sie auch den christlichen Glauben sichtbar und sinnlich fassbar für uns Menschen ausgedrückt.

Einstehen möchte ich schließlich auch dafür, sich im Alltag, im Jahr und seinen Wochen vom Charme der großen Feste beschenken zu lassen. Wenn das Jahr nur noch durch Werktage und gesichtslose Feiertage geprägt, wenn jeder Tag gleich wäre, dann würde etwas Wesentliches in unserem Leben fehlen. Feste öffnen in einer säkular gewordenen Welt immer wieder Fenster zum Himmel. Auch da scheint etwas auf, was unserer Seele guttut. Der bedeutende Seelenarzt C. G. Jung nennt das Kirchenjahr ein therapeutisches System. Er ist davon überzeugt, dass die archetypischen Bilder des Werdens und Vergehens, die an den Festen lebendig sind, eine heilsame Wirkung auf den Menschen und die Gesellschaft haben. Ohne die Feste des Kirchenjahres besteht die Gefahr, nur noch von ökonomischen Gesichtspunkten bestimmt zu werden. Das wäre ein großer Verlust für die Humanität des Einzelnen und eben der Gesellschaft.

Es lohnt unser aller Nachdenken darüber, was passierte, wenn die Kirchen, die Kirchenmusik und all die schönen religiösen Bilder und ein Leben im Jahreskreis nur noch Relikte der Vergangenheit wären. Wenn der Glaube verdunstet, werden uns beispielsweise die Kunstwerke, die der Glaube geschaffen hat, irgendwann nicht mehr ansprechen. Doch ich weiß um die Sehnsucht von uns Menschen, an etwas zu glauben, das größer ist als wir selbst. Nach einem Wort von Antoine de Saint-Exupéry können wir sagen: In der Sehnsucht nach Glauben wird Glauben schon lebendig. Daher wünsche ich mir, mit meinen Antworten in diesem Buch die Sehnsucht nach dem Glauben wieder zu wecken. Ich möchte Leser und Leserinnen ermutigen:

Trauen Sie Ihrer Sehnsucht nach dem Geheimnis, das größer ist als wir selbst! Sie werden sehen, dass Ihr Leben dadurch bereichert wird, dass es eine andere Perspektive bekommt, die unserem Leben Weite und Schönheit verleiht. Trauen Sie sich, auch in einer Welt, die den Glauben als Relikt der Vergangenheit belächelt, zu Ihrem Glauben zu stehen, den Glauben auch öffentlich auszudrücken, indem Sie beispielsweise bewusst in den Gottesdienst gehen oder bewusst beim Essen im Restaurant ein Gebet sprechen oder sich zumindest mit einem kurzen Schweigen auf das Genießen der Speisen vorbereiten. Denn der Glaube weist uns darauf hin, dass wir in jedem Essen die »Süßigkeit Gottes« verkosten. Alles, was wir tun, wird durch den Glauben auf eine andere Ebene gehoben: Essen und Trinken, Sehen und Hören, Schmecken und Riechen. In allem können wir etwas vom Geheimnis, das uns umgibt, oder – wie die Mystikerinnen des Mittelalters sagen – von der Süßigkeit Gottes spüren. Das gibt unserem Leben einen neuen Geschmack.

So wünsche ich allen Lesern und Leserinnen, dass sie neu Geschmack an jenem großen Geheimnis finden, das sie auch heute noch trägt. Sie mögen den Glauben als eine andere Perspektive entdecken, auf ihr Leben und auf alles, was ist, zu schauen. Diese neue Perspektive wird ihr Leben weiter und schöner, reicher und lebendiger, zärtlicher und kraftvoller machen.

Bibliografische Information der Deutschen Nationalbibliothek

Die Deutsche Nationalbibliothek verzeichnet diese Publikation in der Deutschen Nationalbibliografie. Detaillierte bibliografische Daten sind im Internet über http://dnb.d-nb.de abrufbar.

1. Auflage 2019
© Vier-Türme GmbH, Verlag, Münsterschwarzach 2019
Alle Rechte vorbehalten

Lektorat: Marlene Fritsch
Gestaltung: Matthias E. Gahr
Umschlagfoto: Andrea Göppel
Druck und Bindung: CPI Books GmbH, Leck
ISBN 978-3-7365-0275-8

www.vier-tuerme-verlag.de